DE ALTIJD VOEDSELVRACHTAUTO FAVORIETEN

Thuis 100 Straat Voedsel-klassiekers opnieuw creëren

Susanne Lundqvist

Auteursrechtelijk materiaal ©202 4

Alle rechten voorbehouden

Geen enkel deel van dit boek mag in welke vorm of op welke manier dan ook worden gebruikt of overgedragen zonder de juiste schriftelijke toestemming van de uitgever en eigenaar van het auteursrecht, met uitzondering van korte citaten die in een recensie worden gebruikt. Dit boek mag niet worden beschouwd als vervanging voor medisch, juridisch of ander professioneel advies.

INHOUDSOPGAVE

INHOUDSOPGAVE 3
INVOERING 6
ONTBIJT 7
   1. Vlezige Eieren boeren 8
   2. Mini-esdoorn-kaneelbroodjes 11
   3. Wafelijzerpizza's 13
   4. BLT wafelschuifregelaars 15
   5. Voedselvrachtauto Vlezig Eieren boeren 17
   6. Kaneel ontbijthapjes 20
   7. Oester omelet 22
   8. Brusselse wafels 24
   9. Luikse wafels 26
SNACKS EN VOORGERECHTEN 28
   10. Voedselvrachtauto Geroosterde Ravioli 29
   11. Voedselvrachtauto Maïshonden 31
   12. Exotische vijfkruiden kippenvleugels 33
   13. Beignets uit Nieuw Orleans 35
   14. Geroosterde Mexicaanse Ravioli 37
   15. Geladen Getrokken Varkensvlees Beker 39
   16. Banh Mi-spiesjes 41
   17. Loempia's met varkensvlees en groenten 43
   18. Buffel kippenvleugels 45
   19. Voedselvrachtauto Samosa's 47
   20. Buffelmacaroni en kaashapjes 50
   21. Voedselvrachtauto Varkenssaté 52
   22. Jalapeno Popper Mexicaanse straatmaïs 54
   23. Gevulde PB&J wentelteefjes 56
   24. Gefrituurde snoeprepen op een stokje 58
   25. Felafel 60
   26. Schapen Kebab 62
   27. Pakora's 64
   28. Souvlaki 66
   29. Aardappelkroketten 68
   30. Frikadels 71
BROODJES EN HAMBURGERS 74
   31. Voedselvrachtauto Sloppy Joe Honden 75
   32. Basilicum Kipsandwiches 77
   33. Kip & Gekarameliseerde Ui Gegrilde Kaas 79

34. Kaasachtige ham- en eiersandwiches 81
35. Zelfgemaakte Sloppy Joe's 83
36. Falafel Kipburgers Met Citroensaus 85
37. Kreeft broodjes 87
38. Kipstraattaco's met maïs-jicama-salsa 89
39. Groene Tomaat BLT 91
40. Libanese straatsandwiches 93
41. Sandwiches met gegrilde kipsalade 95
42. Generaal Tso's broodje kip met sla 97
43. Burgersliders met geheime saus 100
44. Bang Bang garnalencake schuifregelaars 102
45. Aziatische Getrokken Varkensvlees-sandwiches 104
46. Wedstrijdwinnende Beierse gehaktbal Hoagies 106
47. Sandwich met varkenslende 109
48. Pittige Vissandwich 111

TACOS, ENCHILADAS EN WIKKELEN 114

49. Voedselvrachtauto vistaco's 115
50. Moo Shu Paddenstoelenwikkelen 117
51. Californische rolverpakkingen 119
52. Kiptaco's uit de langzaam fornuis 121
53. Mini- Chimichanga's 123
54. Limoen-Chipotle Carnitas Tostadas 125
55. Voedselvrachtauto Smakelijke Burrito's 128
56. Boerenmarkt Enchiladas 130
57. Caesar-wikkelen met kip 132
58. Kip Souvlaki Pita's 134
59. Voedselvrachtauto wandelende taco's 136
60. Kip Tamales 138

GELADEN FRIETJES 141

61. Geladen wafelfriet 142
62. Buffalo blauwe kaasfrietjes 144
63. Geladen Chili Kaas Friet 146
64. Truffel Parmezaanse frietjes 148
65. Frieten voor het ontbijt 150
66. Bacon Ranch- friet 152
67. Frituur Diner Bak 154
68. BBQ- kipfrietjes 156
69. BBQ Getrokken Varkensvlees -friet 158
70. Cheeseburger frietjes 160
71. Rundvlees Chili Kaas Friet 162
72. Kip Ranch frietjes 164
73. Cajun- garnalenfrietjes 166
74. Voedselvrachtauto Poutine 168

NET **170**

    75. D̄e beste babyruggen 171
    76. Gerookte Mac en Kaas 173
    77. Koreaans rundvlees en rijst 175
    78. Favoriete vleesbrood-gyros 177
    79. Varkensvlees & Ramen Roerbak 179
    80. Chili-Gewreven Ribben 181
    81. Getrokken Varkensvlees-parfait 183
    82. Voedselvrachtauto Pad Thai 185
    83. Kip Kiev 188
    84. Vol-au-Vent 190

DESSERT EN SNOEPJES **193**

    85. Traditionele trechtercakes 194
    86. Snoep Craze-ijssandwiches 196
    87. Aardbeiengelato 198
    88. Lekkernijen met ijshoorntjes 200
    89. Voedselvrachtauto Oranje Room Pops 202
    90. Aardbei-rabarber ijslolly's 204
    91. Brownie Verdronken-ijscoupes 206
    92. Bevroren bananengraanpops 208
    93. Gefrituurd ijs zonder frituren 210
    94. Vla-ijs van weleer 212

DRANKJES **214**

    95. Aardbei Watermeloen Sneeuwbrij 215
    96. Rabarber Limonade Sneeuwbrij 217
    97. Komkommer Munt Limonade 219
    98. Ijs Lavendel Melk 221
    99. Perzik Basilicum Limonade 223
    100. Ijsachtige Matcha Melk 225

CONCLUSIE **227**

INVOERING

Welkom bij "De AltijdVoedsel Vrachtauto-favorieten: thuis 100 Straat Voedsel-klassiekers opnieuw creëren"! Ga op een culinaire reis waarbij de levendige smaken van straatvoedsel van over de hele wereld tot leven komen in je eigen keuken. Van zinderende taco's tot heerlijke hamburgers en verrukkelijke desserts, dit kookboek is jouw paspoort om de onweerstaanbare allure van voedselvrachtautogerechten thuis te ervaren.

Voedselvrachtautos zijn al lang geliefd vanwege hun vermogen om heerlijke en handige maaltijden onderweg te bezorgen, met een verleidelijk aanbod aan smaken die voor elk wat wils zijn. In dit kookboek hebben we een verzameling van 100 straatvoedselklassiekers samengesteld, waarbij elk recept zorgvuldig is samengesteld om de essentie van deze culinaire pareltjes vast te leggen.

Of je nu zin hebt in de pittige kick van Koreaanse BBQ-taco's, het hartige comfort van pizza in Nieuw York-stijl of de zoete verwennerij van churros, op deze pagina's vind je al je favoriete voedselvrachtauto-basisproducten en meer. We hebben stapsgewijze instructies en tips van experts toegevoegd om ervoor te zorgen dat zelfs beginnende thuiskoks deze iconische gerechten gemakkelijk kunnen maken.

Dus stof je schort af, zet je keuken aan en bereid je voor op een gastronomisch avontuur als geen ander. Of je nu een barbecue in de achtertuin organiseert, een demadiner plant, of gewoon zin hebt in een voorproefje van de straatvoedsel-ervaring, met "De AltijdVoedsel Vrachtauto Favorites" zit je goed.

Bereid je voor om indruk te maken op je familie en vrienden met je culinaire vaardigheden terwijl je deze straatvoedsel-klassiekers thuis namaakt. Laten we erin duiken en ontdekken hoe leuk het is om de levendige smaken van voedselvrachtautos naar je eigen keuken te brengen!

ONTBIJT

1. Vlezige Eieren boeren

INGREDIËNTEN:
- 4 maistortilla's
- 1 eetlepel plantaardige olie
- 1 ui, gehakt
- 2 teentjes knoflook, fijngehakt
- 1 paprika, gehakt
- 1 jalapenopeper, zonder zaadjes en fijngehakt
- 1 blikje tomatenblokjes (14 oz).
- 1 blikje zwarte bonen (14 oz), uitgelekt en afgespoeld
- 1 deelepel gemalen komijn
- Zout en peper naar smaak
- 4 eieren
- Gekookt rundergehakt of runderchorizo
- Geraspte kaas (cheddar of Monterey Jack)
- Verse korianderblaadjes ter garnering
- Avocadoschijfjes voor erbij (optioneel)
- Salsa voor erbij (optioneel)

INSTRUCTIES:
a) Verwarm uw oven voor op 175°C.
b) Bestrijk beide zijden van de maïstortilla's met plantaardige olie en leg ze op een bakplaat.
c) Bak in de voorverwarmde oven gedurende 5-7 minuten, of tot ze knapperig en lichtbruin zijn.
d) Verhit plantaardige olie in een koekenpan op middelhoog vuur.
e) Voeg de gehakte ui, gehakte knoflook, gehakte paprika en gehakte jalapenopeper toe aan de koekenpan. Kook tot het zacht is.
f) Roer de in blokjes gesneden tomaten, zwarte bonen, gemalen komijn, zout en peper erdoor. Laat 5-7 minuten sudderen.
g) Kook ondertussen de eieren tot de gewenste gaarheid (gebakken of roerei).
h) Om het geheel in elkaar te zetten, plaats je een gebakken maïstortilla op een bord.
i) Bestrijk met een lepel van het tomaten-bonenmengsel, gekookt rundergehakt of runderchorizo en een gekookt ei.
j) Bestrooi met geraspte kaas en garneer met verse korianderblaadjes.
k) Serveer indien gewenst met plakjes avocado en salsa ernaast.
l) Geniet van je stevige en smaakvolle, vlezige eieren boeren!

2.Mini-esdoorn-kaneelbroodjes

INGREDIËNTEN:
- 1 blik (8 oz) gekoeld halvemaantjesbrooddeeg
- 2 eetlepels boter, gesmolten
- 2 eetlepels ahornsiroop
- 1/4 kop bruine suiker
- 1 deelepel gemalen kaneel
- Roomkaasglazuur (optioneel)

INSTRUCTIES:
a) Verwarm uw oven voor op 190°C.
b) Rol het halvemaantjesdeeg uit op een schoon oppervlak en druk de naden samen tot een rechthoek.
c) Meng in een kleine kom de gesmolten boter en de ahornsiroop.
d) Bestrijk het botermengsel over het oppervlak van het deeg.
e) Meng in een andere kom de bruine suiker en gemalen kaneel.
f) Strooi het kaneelsuikermengsel gelijkmatig over het beboterde deeg.
g) Begin vanaf één lange zijde en rol het deeg op tot een blok.
h) Snijd het houtblok in minirolletjes, ongeveer 1 inch dik.
i) Leg de mini-kaneelbroodjes op een bakplaat bekleed met bakpapier.
j) Bak gedurende 10-12 minuten, of tot ze goudbruin en opgeblazen zijn.
k) Optioneel: besprenkel met roomkaasglazuur voordat je het serveert.
l) Geniet van je heerlijke mini-ahorn-kaneelbroodjes als zoete traktatie!

3. Wafelijzerpizza's

INGREDIËNTEN:
- Wafelmix (bereiden volgens instructies op de verpakking)
- pizza saus
- Geraspte mozzarella kaas
- Pizzatoppings naar keuze (pepperoni, paprika, uien, champignons, etc.)

INSTRUCTIES:
a) Verwarm een wafelijzer voor en vet het licht in.
b) Bereid het wafelmengsel volgens de instructies op de verpakking.
c) Giet een deel van het wafelbeslag op het voorverwarmde wafelijzer, zodat het oppervlak bedekt is maar niet overloopt.
d) Sluit het wafelijzer en bak tot de wafel goudbruin en gaar is.
e) Haal de gekookte wafel voorzichtig uit het strijkijzer en plaats deze op een bakplaat.
f) Verdeel de pizzasaus over de gekookte wafel.
g) Strooi geraspte mozzarellakaas over de saus.
h) Voeg je favoriete pizzatopping toe bovenop de kaas.
i) Plaats de bereide wafelpizza's een paar minuten onder de grill, totdat de kaas gesmolten en bubbelend is.
j) Haal uit de oven en laat iets afkoelen voordat je het serveert.
k) Snijd in punten en geniet van je wafelijzerpizza!

4. BLT wafelschuifregelaars

INGREDIËNTEN:
- Wafelmix (bereiden volgens instructies op de verpakking)
- Plakjes spek, gekookt tot ze knapperig zijn
- Sla blaadjes
- Gesneden tomaten
- Mayonaise
- Tandenstokers

INSTRUCTIES:
a) Verwarm een wafelijzer voor en vet het licht in.
b) Bereid het wafelmengsel volgens de instructies op de verpakking.
c) Giet het wafelbeslag op het voorverwarmde wafelijzer en bak tot het goudbruin en knapperig is.
d) Snijd de gekookte wafels in kleinere vierkanten of rechthoeken om als schuifregelaars te gebruiken.
e) Zet de BLT-wafelschuivers in elkaar door een slablad, een gesneden tomaat en een plakje gekookt spek op één wafelvierkant te plaatsen.
f) Smeer mayonaise op een ander wafelvierkant en leg deze op het spek.
g) Zet de schuifregelaars vast met tandenstokers om ze bij elkaar te houden.
h) Herhaal dit met de resterende wafelvierkanten en ingrediënten om meer schuifregelaars te maken.
i) Serveer onmiddellijk en geniet van je heerlijke BLT-wafelsliders!

5.Voedselvrachtauto Vlezig Eieren boeren

INGREDIËNTEN:
- 4 maistortilla's
- 1 eetlepel plantaardige olie
- 1 ui, gehakt
- 2 teentjes knoflook, fijngehakt
- 1 paprika, gehakt
- 1 jalapenopeper, zonder zaadjes en fijngehakt
- 1 blikje tomatenblokjes (14 oz).
- 1 blikje zwarte bonen (14 oz), uitgelekt en afgespoeld
- 1 deelepel gemalen komijn
- Zout en peper naar smaak
- 4 eieren
- Gekookt rundergehakt of runderchorizo
- Geraspte kaas (cheddar of Monterey Jack)
- Verse korianderblaadjes ter garnering
- Avocadoschijfjes voor erbij (optioneel)
- Salsa voor erbij (optioneel)

INSTRUCTIES:
a) Verwarm uw oven voor op 175°C.
b) Bestrijk beide zijden van de maïstortilla's met plantaardige olie en leg ze op een bakplaat.
c) Bak in de voorverwarmde oven gedurende 5-7 minuten, of tot ze knapperig en lichtbruin zijn.
d) Verhit plantaardige olie in een koekenpan op middelhoog vuur.
e) Voeg de gehakte ui, gehakte knoflook, gehakte paprika en gehakte jalapenopeper toe aan de koekenpan. Kook tot het zacht is.
f) Roer de in blokjes gesneden tomaten, zwarte bonen, gemalen komijn, zout en peper erdoor. Laat 5-7 minuten sudderen.
g) Kook ondertussen de eieren tot de gewenste gaarheid (gebakken of roerei).
h) Om het geheel in elkaar te zetten, plaats je een gebakken maïstortilla op een bord.
i) Bestrijk met een lepel van het tomaten-bonenmengsel, gekookt rundergehakt of runderchorizo en een gekookt ei.
j) Bestrooi met geraspte kaas en garneer met verse korianderblaadjes.
k) Serveer indien gewenst met plakjes avocado en salsa ernaast.
l) Geniet van je stevige en smaakvolle, vlezige eieren boeren!

6.Kaneel ontbijthapjes

INGREDIËNTEN:
- 1 vel bladerdeeg, ontdooid
- 2 eetlepels boter, gesmolten
- 1/4 kop kristalsuiker
- 1 eetlepel gemalen kaneel

INSTRUCTIES:
a) Verwarm uw oven voor op 190°C (375°F) en bekleed een bakplaat met bakpapier.
b) Meng in een kleine kom kristalsuiker en gemalen kaneel.
c) Rol het ontdooide bladerdeeg uit op een licht met bloem bestoven oppervlak.
d) Bestrijk het oppervlak van het bladerdeeg met gesmolten boter.
e) Strooi het kaneel-suikermengsel gelijkmatig over het beboterde bladerdeeg.
f) Gebruik een pizzasnijder of mes om het bladerdeeg in kleine vierkantjes of rechthoeken te snijden.
g) Breng de met kaneelsuiker omhulde bladerdeegvierkantjes over op de voorbereide bakplaat.
h) Bak in de voorverwarmde oven gedurende 10-12 minuten, of tot het gepoft en goudbruin is.
i) Haal uit de oven en laat iets afkoelen voordat je het serveert.
j) Serveer je kaneelontbijthapjes warm en geniet ervan!

7.Oester omelet

INGREDIËNTEN:
- 1 dozijn kleine oesters, gepeld, ongeveer 30-30 gram
- 2 losgeklopte eieren
- 2 eetlepels zoete aardappelmeel
- 1/4 kopje water
- Fijngehakte koriander en groene uien
- Zout peper
- 2 eetlepels reuzel of olie om te frituren

INSTRUCTIES:
a) Maak in een grote kom een dun beslag met het zoete aardappelmeel en water. Zorg ervoor dat de bloem volledig is opgelost.
b) Verhit de pan tot roken. Bestrijk het oppervlak van de pan met reuzel of olie.
c) Giet het zoete aardappelbeslag erbij. Als het bijna volledig uitgehard is, maar nog nat aan de bovenkant, giet je de eieren erbij, losgeklopt met zout en peper.
d) Wanneer de onderkant van de met zetmeel bedekte omelet goudbruin is en het losgeklopte ei half gestold is, breek de omelet dan in stukken met een spatel. Duw ze opzij.
e) Voeg oesters, groene uien en koriander toe en roerbak gedurende 1/2 minuut. Vouw en meng met ei.
f) Serveer met hete saus of de zoete chilisaus (tian la jiang) naar keuze.

8. Brusselse wafels

INGREDIËNTEN:
- 2 kopjes All-purpose Flour
- 2 eetlepels. kristalsuiker
- 2 deelepels. bakpoeder
- 1/2 deelepel. zout
- 4 grote eieren, gescheiden
- 1 1/2 kopjes melk
- 1/2 kopje ongezouten boter, gesmolten
- 1 deelepel. vanille-extract

INSTRUCTIES:
a) Meng in een mengkom de bloem, suiker, bakpoeder en zout.
b) Klop in een aparte kom de eidooiers, melk, gesmolten boter en vanille-extract samen.
c) Giet de natte ingrediënten bij de droge ingrediënten en roer tot ze net gemengd zijn. Meng niet te veel; sommige klontjes zijn oké.
d) Klop in een andere kom de eiwitten stijf tot er pieken ontstaan.
e) Spatel de losgeklopte eiwitten voorzichtig door het beslag tot ze goed zijn opgenomen.
f) Verwarm uw wafelijzer voor volgens de instructies .
g) Vet het wafelijzer in met bakspray of gesmolten boter.
h) Giet het beslag op het voorverwarmde wafelijzer, gebruik de aanbevolen hoeveelheid afhankelijk van de grootte van het strijkijzer.
i) Sluit het deksel en bak tot de wafels goudbruin en knapperig zijn.
j) Haal de wafels uit het strijkijzer en herhaal met het resterende beslag.
k) Serveer de wafels warm met je favoriete toppings, zoals verse bessen, slagroom, ahornsiroop of chocoladesaus.

9. Luikse wafels

INGREDIËNTEN:
- 2 1/4 kopjes bloem voor alle doeleinden
- 2 deelepels. instant gist
- 1/2 deelepel. zout
- 3/4 kopje lauwe melk
- 2 grote eieren
- 1 deelepel. vanille-extract
- 1 kopje ongezouten boter, verzacht
- 1 kop parelsuiker (of gemalen suikerklontjes)

INSTRUCTIES:
a) Meng de bloem, instantgist en zout in een grote mengkom.
b) Klop in een aparte kom de lauwe melk, eieren en vanille-extract door elkaar.
c) Giet de natte ingrediënten bij de droge ingrediënten en roer tot alles goed gemengd is.
d) Voeg de zachte boter toe aan het deeg en kneed het tot het volledig is opgenomen.
e) Het deeg zal plakkerig zijn.
f) Bedek de kom met plasticfolie en laat het deeg ongeveer 1 uur rijzen, of tot het in volume verdubbeld is.
g) Zodra het deeg is gerezen, spatelt u voorzichtig de parelsuiker erdoor.
h) Verwarm uw wafelijzer voor volgens de instructies.
i) Vet het wafelijzer in met bakspray of gesmolten boter.
j) Neem een portie deeg, ongeveer zo groot als je handpalm, en vorm er een bal van. Plaats de bal op het voorverwarmde wafelijzer.
k) Sluit het deksel en bak de wafels ongeveer 3-5 minuten of tot ze goudbruin en gekarameliseerd zijn.
l) Haal de wafels uit het strijkijzer en herhaal met het resterende deeg.
m) Serveer de Luikse wafels warm zoals ze zijn of met je favoriete toppings, zoals slagroom, chocopasta of fruitcompote.

SNACKS EN VOORGERECHTEN

10. Voedselvrachtauto Geroosterde Ravioli

INGREDIËNTEN:
- 1 pakje (ongeveer 24 ons) bevroren kaasravioli
- 2 kopjes paneermeel op Italiaanse wijze
- 1 kopje geraspte Parmezaanse kaas
- 2 eieren, losgeklopt
- 1/4 kopje melk
- Plantaardige olie, om te frituren
- Marinarasaus, om te dippen

INSTRUCTIES:
a) Kook de bevroren ravioli volgens de instructies op de verpakking, laat ze uitlekken en laat ze iets afkoelen.
b) Meng in een ondiepe schaal het Italiaanse paneermeel en de geraspte Parmezaanse kaas.
c) Klop in een andere ondiepe schaal de eieren en de melk samen om een eierwas te creëren.
d) Dompel elke ravioli in de eierwas en bestrijk hem vervolgens gelijkmatig met het broodkruimmengsel.
e) Verhit ongeveer 2,5 cm plantaardige olie in een diepe koekenpan of pan tot 175°C.
f) Plaats de gepaneerde ravioli voorzichtig in de hete olie en werk in batches om te voorkomen dat de koekenpan te vol raakt.
g) Bak de ravioli 2-3 minuten per kant, of tot ze goudbruin en knapperig zijn.
h) Haal de geroosterde ravioli met een schuimspaan uit de olie en laat ze uitlekken op keukenpapier.
i) Serveer de geroosterde ravioli warm met marinarasaus om in te dippen.
j) Geniet van deze knapperige en heerlijke hapjes als perfect tussendoortje of aperitiefhapje!

11. Voedselvrachtauto Maïshonden

INGREDIËNTEN:
- 1 kopje maïsmeel
- 1 kopje bloem voor alle doeleinden
- 1/4 kop kristalsuiker
- 1 eetlepel bakpoeder
- 1/2 deelepel zout
- 1 ei
- 1 kopje melk
- 8 hothonden
- Plantaardige olie, om te frituren

INSTRUCTIES:
a) Meng in een kom het maïsmeel, de bloem, de suiker, het bakpoeder en het zout.
b) Klop in een andere kom het ei en de melk samen.
c) Voeg geleidelijk de natte ingrediënten toe aan de droge ingrediënten en roer tot een gladde massa.
d) Steek houten spiesjes in de hothonden.
e) Verhit plantaardige olie in een diepe koekenpan of pot tot 175°C.
f) Dompel elke hotdog in het beslag en bestrijk het gelijkmatig.
g) Plaats de gecoate hothonden voorzichtig in de hete olie en bak ze goudbruin, ongeveer 3-4 minuten.
h) Haal de maïskolven uit de olie en laat ze uitlekken op keukenpapier.
i) Serveer met je favoriete specerijen en geniet van deze klassieke maïshonden!

12. Exotische vijfkruiden kippenvleugels

INGREDIËNTEN:
- 2 pond kippenvleugels
- 2 eetlepels sojasaus
- 2 eetlepels honing
- 1 eetlepel sesamolie
- 1 deelepel Chinees vijfkruidenpoeder
- 2 teentjes knoflook, fijngehakt
- 1 eetlepel geraspte gember
- Zout en peper naar smaak
- Sesamzaad en gehakte groene uien voor garnering

INSTRUCTIES:

a) Verwarm de oven voor op 200 °C (400 °F) en bekleed een bakplaat met bakpapier.

b) Meng in een kom sojasaus, honing, sesamolie, Chinees vijfkruidenpoeder, gehakte knoflook, geraspte gember, zout en peper.

c) Doe de kippenvleugels in een grote hersluitbare plastic zak of kom.

d) Giet de marinade over de kippenvleugels en zorg ervoor dat ze gelijkmatig bedekt zijn. Marineer minimaal 30 minuten in de koelkast, of een hele nacht voor het beste resultaat.

e) Leg de gemarineerde kippenvleugels in een enkele laag op de voorbereide bakplaat.

f) Bak in de voorverwarmde oven gedurende 35-40 minuten, draai halverwege het koken, tot de vleugels gaar en goudbruin zijn.

g) Eenmaal gekookt, bestrooi met sesamzaadjes en gehakte groene uien voor garnering.

h) Serveer warm en geniet van je exotische vijfkruidenkippenvleugels!

13. Beignets uit Nieuw Orleans

INGREDIËNTEN:
- 1 kopje water
- 1/2 kop ongezouten boter
- 1/4 kop kristalsuiker
- 1/2 deelepel zout
- 1 kopje bloem voor alle doeleinden
- 4 grote eieren
- Plantaardige olie om te frituren
- Poedersuiker om te bestuiven

INSTRUCTIES:

a) Meng het water, de boter, de suiker en het zout in een pan. Breng op middelhoog vuur aan de kook.
b) Zet het vuur laag en roer de bloem erdoor tot het mengsel een bal vormt.
c) Haal van het vuur en laat 5 minuten afkoelen.
d) Klop de eieren één voor één erdoor tot ze glad en goed gemengd zijn.
e) Verhit plantaardige olie in een frituurpan of grote pan tot 190°C.
f) Schep lepels deeg in de hete olie en bak ze goudbruin, ongeveer 2-3 minuten per kant.
g) Haal uit de olie en laat uitlekken op keukenpapier.
h) Bestrooi met poedersuiker terwijl het nog warm is.
i) Serveer warm en geniet van deze heerlijke Nieuw Orleans-beignets!

14. Geroosterde Mexicaanse Ravioli

INGREDIËNTEN:
- Ravioli uit de winkel (kaas- of rundvleesvulling)
- 2 kopjes paneermeel
- 2 eieren, losgeklopt
- 1 deelepel chilipoeder
- 1/2 deelepel komijn
- Plantaardige olie om te frituren
- Salsa om te dippen

INSTRUCTIES:

a) Kook de ravioli volgens de instructies op de verpakking, laat ze uitlekken en laat ze iets afkoelen.
b) Meng in een ondiepe schaal broodkruimels, chilipoeder en komijn.
c) Dompel elke gekookte ravioli in de losgeklopte eieren en bestrijk ze vervolgens met het broodkruimmengsel.
d) Verhit plantaardige olie in een koekenpan op middelhoog vuur.
e) Bak de gepaneerde ravioli in de hete olie tot ze aan beide kanten goudbruin en knapperig zijn, ongeveer 2-3 minuten per kant.
f) Haal uit de olie en laat uitlekken op keukenpapier.
g) Serveer de geroosterde Mexicaanse ravioli warm met salsa om in te dippen.
h) Geniet van je knapperige en smaakvol geroosterde Mexicaanse ravioli!

15.Geladen Getrokken Varkensvlees Beker

INGREDIËNTEN:
- 1 pond getrokken varkensvlees
- 12 kleine maïstortilla's
- 1 kopje geraspte cheddarkaas
- 1/2 kop in blokjes gesneden tomaten
- 1/4 kopje in blokjes gesneden rode uien
- 1/4 kop gehakte koriander
- BBQ-saus om te besprenkelen

INSTRUCTIES:
a) Verwarm uw oven voor op 190°C.
b) Druk elke maïstortilla in de kopjes van een muffinvorm, zodat er een kopje ontstaat.
c) Bak de tortilla's gedurende 10-12 minuten, of tot ze knapperig zijn.
d) Vul elke tortilla cup met getrokken varkensvlees.
e) Werk af met geraspte cheddarkaas, in blokjes gesneden tomaten, rode uien en gehakte koriander.
f) Besprenkel met barbecuesaus.
g) Bak nog eens 5 minuten, of tot de kaas gesmolten en bruisend is.
h) Haal uit de oven en laat iets afkoelen voordat je het serveert.
i) Geniet van deze heerlijke en geladen getrokken varkensvlees beker als smaakvol tussendoortje of aperitiefhapje!

16. Banh Mi-spiesjes

INGREDIËNTEN:
- 1 pond kippendijen zonder bot, zonder vel, in blokjes gesneden
- 1/4 kop sojasaus
- 2 eetlepels vissaus
- 2 eetlepels honing
- 2 teentjes knoflook, fijngehakt
- 1 deelepel geraspte gember
- Houten spiesjes, geweekt in water
- Gesneden komkommers
- Ingemaakte wortelen en daikon
- Verse korianderblaadjes
- Gesneden jalapenos
- Stokbrood of stokbrood, in plakjes gesneden

INSTRUCTIES:
a) Meng in een kom de sojasaus, vissaus, honing, gehakte knoflook en geraspte gember om de marinade te maken.
b) Voeg de in blokjes gesneden kippendijen toe aan de marinade en roer om. Laat minimaal 30 minuten marineren.
c) Rijg de gemarineerde kip aan de geweekte houten spiesjes.
d) Verwarm uw grill of grillpan voor op middelhoog vuur.
e) Grill de kipspiesjes 3-4 minuten aan elke kant, of tot ze gaar en licht verkoold zijn.
f) Monteer de banh mi-spiesjes door gesneden komkommers, ingelegde wortels en daikon, verse korianderblaadjes en gesneden jalapenos op elke spies te leggen.
g) Serveer de spiesjes met gesneden stokbrood of stokbrood.
h) Geniet van je smaakvolle banh mi spiesjes als heerlijk voorgerecht of hoofdgerecht!

17. Loempia's met varkensvlees en groenten

INGREDIËNTEN:
- Loempiaverpakkingen (verkrijgbaar bij Aziatische supermarkten)
- Gekookt varkensvlees, versnipperd of in dunne plakjes gesneden
- Dunne rijstnoedels, gekookt volgens de instructies op de verpakking
- Geraspte sla
- Geraspte wortelen
- Komkommer, julienne
- Verse muntblaadjes
- Verse korianderblaadjes
- Sojasaus of hoisinsaus, om te dippen

INSTRUCTIES:
a) Zorg voor een schoon werkoppervlak en een kom met warm water.
b) Dompel een loempiavelletje een paar seconden in het warme water totdat het soepel wordt.
c) Plaats de verzachte verpakking op het werkoppervlak.
d) Laag gekookt varkensvlees, rijstnoedels, geraspte sla, geraspte wortelen, julienne komkommer, muntblaadjes en korianderblaadjes in het midden van de verpakking.
e) Vouw de zijkanten van de verpakking over de vulling en rol hem strak op om de vulling te omsluiten.
f) Herhaal met de overige ingrediënten om meer loempia's te maken.
g) Serveer de varkensvlees-groenteloempia's met sojasaus of hoisinsaus om te dippen.
h) Geniet van je verse en smaakvolle loempia's!

18. Buffel kippenvleugels

INGREDIËNTEN:
- 2 pond kippenvleugels
- 1/2 kop hete saus (zoals Frank's RedHot)
- 1/4 kop ongezouten boter, gesmolten
- 1 eetlepel witte azijn
- 1/2 deelepel Worcestershiresaus
- Stengels bleekselderij
- Ranch- of blauwe kaasdressing om te dippen

INSTRUCTIES:
a) Verwarm uw oven voor op 200°C.
b) Bekleed een bakplaat met bakpapier.
c) Klop in een kom de hete saus, gesmolten boter, azijn en Worcestershire-saus samen om de buffelsaus te maken.
d) Leg de kippenvleugels op de bakplaat en bak ze 45-50 minuten, draai ze halverwege, tot ze knapperig en gaar zijn.
e) Zodra de vleugels gaar zijn, doe je ze in een grote kom en meng je ze met de buffelsaus tot ze gelijkmatig bedekt zijn.
f) Serveer de buffelvleugels warm met stengels bleekselderij en ranch- of blauwe kaasdressing om in te dippen.
g) Geniet van je heerlijke buffelkippenvleugels!

19.Voedselvrachtauto Samosa's

INGREDIËNTEN:
- 2 kopjes All-purpose Flour
- 1/4 kop plantaardige olie
- 1/2 deelepel zout
- Water (voor deeg)
- 2 kopjes aardappelpuree
- 1 kopje bevroren erwten, ontdooid
- 1 ui, fijngehakt
- 2 teentjes knoflook, fijngehakt
- 1 eetlepel kerriepoeder
- 1 deelepel gemalen komijn
- 1 deelepel gemalen koriander
- Zout en peper naar smaak
- Plantaardige olie om te frituren

INSTRUCTIES:
a) Meng de bloem, plantaardige olie en zout in een grote kom. Voeg geleidelijk water toe en kneed tot er een soepel deeg ontstaat. Dek af met een vochtige doek en laat 30 minuten rusten.
b) Meng in een aparte kom de aardappelpuree en de erwten.
c) Verhit wat plantaardige olie in een koekenpan op middelhoog vuur. Voeg de gesnipperde ui en knoflook toe en bak tot ze zacht zijn.
d) Roer het kerriepoeder, gemalen komijn, gemalen koriander, zout en peper erdoor. Kook nog een minuut.
e) Voeg het uienmengsel toe aan de aardappelpuree en erwten en meng goed.
f) Verdeel het deeg in kleine balletjes. Rol elke bal in een dunne cirkel.
g) Snijd elke cirkel doormidden om halve cirkels te vormen.
h) Schep op één helft van elke halve cirkel een lepel aardappelvulling.
i) Vouw de andere helft van het deeg over de vulling, zodat er een driehoek ontstaat. Druk op de randen om ze af te dichten.
j) Verhit plantaardige olie in een frituurpan of grote koekenpan op middelhoog vuur. Bak de samosa's in porties goudbruin en knapperig, ongeveer 3-4 minuten per kant.
k) Haal uit de olie en laat uitlekken op keukenpapier.
l) Serveer warm met chutney of dipsaus naar keuze. Geniet van je zelfgemaakte samosa's!

20.Buffelmacaroni en kaashapjes

INGREDIËNTEN:
- 1 pond elleboogmacaroni, gekookt en uitgelekt
- 2 kopjes geraspte cheddarkaas
- 1/2 kopje melk
- 1/4 kopje boter
- 2 eetlepels bloem voor alle doeleinden
- 1/4 kop hete saus (zoals Frank's RedHot)
- 2 eieren, losgeklopt
- 1 kopje broodkruimels
- Plantaardige olie om te frituren
- Ranch- of blauwe kaasdressing om te dippen

INSTRUCTIES:
a) Smelt de boter in een pan op middelhoog vuur. Roer de bloem erdoor, maak een roux en kook 1-2 minuten.
b) Klop geleidelijk de melk erdoor tot een gladde massa. Kook tot het ingedikt is, ongeveer 5 minuten, onder voortdurend roeren.
c) Haal van het vuur en roer de geraspte cheddarkaas erdoor tot deze gesmolten en glad is.
d) Roer de hete saus erdoor tot alles goed gemengd is.
e) Meng de gekookte macaroni in een grote kom met de kaassaus en meng tot het gelijkmatig bedekt is.
f) Doe het mengsel van macaroni en kaas in een ovenschaal en zet het in de koelkast tot het stevig is, ongeveer 1 uur.
g) Zodra de macaroni en kaas stevig zijn, gebruik je een kleine koekjesschep of -lepel om balletjes te vormen.
h) Doop elke bal in losgeklopt ei en bestrijk hem vervolgens met paneermeel.
i) Verhit plantaardige olie in een frituurpan of grote pan tot 175°C.
j) Bak de macaroni- en kaasballetjes in de hete olie tot ze goudbruin en krokant zijn, ongeveer 2-3 minuten.
k) Haal uit de olie en laat uitlekken op keukenpapier.
l) Serveer de buffelmacaroni en kaashapjes warm met ranch- of blauwe kaasdressing om in te dippen.
m) Geniet van je smaakvolle en knapperige buffelmacaroni en kaasbites!

21. Voedselvrachtauto Varkenssaté

INGREDIËNTEN:
- 1 pond varkenshaas, in dunne reepjes gesneden
- 1/4 kop sojasaus
- 2 eetlepels bruine suiker
- 2 teentjes knoflook, fijngehakt
- 1 eetlepel geraspte gember
- 1 eetlepel limoensap
- Houten spiesjes, geweekt in water

INSTRUCTIES:
a) Meng in een kom de sojasaus, bruine suiker, gehakte knoflook, geraspte gember en limoensap om de marinade te maken.
b) Voeg de varkensreepjes toe aan de marinade en roer ze door elkaar. Laat minimaal 30 minuten marineren.
c) Verwarm uw grill of grillpan voor op middelhoog vuur.
d) Rijg de gemarineerde varkensreepjes aan de geweekte houten spiesen.
e) Grill de varkenssatéspiesjes gedurende 3-4 minuten aan elke kant, of tot ze gaar en licht verkoold zijn.
f) Serveer de varkenssaté warm met je favoriete dipsaus, zoals pindasaus of zoete chilisaus.
g) Geniet van je smaakvolle varkenssaté!

22.Jalapeno Popper Mexicaanse straatmaïs

INGREDIËNTEN:
- 4 korenaren, gepeld
- 1/4 kop mayonaise
- 1/4 kopje zure room
- 1/2 kop geraspte Parmezaanse kaas
- 2 jalapenopeper, zonder zaadjes en in blokjes gesneden
- 2 eetlepels gehakte verse koriander
- 1 eetlepel limoensap
- Zout en peper naar smaak
- Chilipoeder (optioneel)

INSTRUCTIES:
a) Verwarm uw grill voor op middelhoog vuur.
b) Grill de maïs, af en toe draaiend, tot hij aan alle kanten licht verkoold is, ongeveer 8-10 minuten.
c) Meng in een kom de mayonaise, zure room, Parmezaanse kaas, in blokjes gesneden jalapenopeper, gehakte koriander, limoensap, zout en peper.
d) Bestrijk de gegrilde maïs met het mayonaisemengsel en bestrijk het gelijkmatig.
e) Bestrooi eventueel met chilipoeder.
f) Serveer onmiddellijk en geniet van je smaakvolle jalapeno-popper Mexicaanse straatgraan!

23. Gevulde PB&J wentelteefjes

INGREDIËNTEN:
- Dikke sneetjes brood (zoals brioche of challah)
- Pindakaas
- Gelei of jam naar keuze
- Eieren
- Melk
- Kaneel (optioneel)
- Boter of olie om te bakken
- Vers fruit (zoals aardbeien of bananen), voor kabob-montage
- Ahornsiroop, om te serveren

INSTRUCTIES:
a) Smeer pindakaas op een sneetje brood en gelei of jam op een ander sneetje. Druk de plakjes samen tot een sandwich.
b) Snij de sandwich in hapklare stukjes.
c) Klop in een ondiepe schaal eieren, melk en kaneel (indien gebruikt) samen om het wentelteefjesbeslag te maken.
d) Dompel elk broodje in het wentelteefjesbeslag en zorg ervoor dat het aan alle kanten bedekt is.
e) Verhit boter of olie in een koekenpan op middelhoog vuur.
f) Bak de wentelteefjes goudbruin en gaar en draai ze halverwege het koken om.
g) Eenmaal gekookt, haal uit de pan en laat iets afkoelen.
h) Rijg de wentelteefjes en vers fruit op spiesjes om kabobs te maken.
i) Serveer de gevulde PB&J wentelteefjes met ahornsiroop om te dippen.
j) Geniet van je leuke en heerlijke ontbijtkebabs!

24. Gefrituurde snoeprepen op een stokje

INGREDIËNTEN:
- Diverse snoepbars (Snickers, Milky Way, Twix, enz.)
- Houten spiesjes
- 1 kopje bloem voor alle doeleinden
- 1/2 kopje maizena
- 1 deelepel bakpoeder
- 1/4 deelepel zout
- 1 kopje koud water
- Plantaardige olie om te frituren
- Poedersuiker om te bestuiven (optioneel)

INSTRUCTIES:
a) Steek houten spiesjes in de repen en laat voldoende ruimte over om het stokje vast te houden.
b) Meng in een kom de bloem, maizena, bakpoeder, zout en koud water tot het beslag.
c) Verhit plantaardige olie in een frituurpan of grote pan tot 190°C.
d) Dompel elke reep op een stokje in het beslag en zorg ervoor dat het gelijkmatig bedekt is.
e) Plaats de gecoate snoepbars voorzichtig in de hete olie en bak ze goudbruin, ongeveer 2-3 minuten.
f) Haal uit de olie en laat uitlekken op keukenpapier.
g) Eventueel bestrooien met poedersuiker.
h) Serveer warm en geniet van deze heerlijke gefrituurde snoepbars op een stokje!

25. Felafel

INGREDIËNTEN:

- 1 kop gedroogde kikkererwten, gekookt
- 1 teentje knoflook, licht geplet
- 1 middelgrote ui, gehakt
- 1 deelepel gemalen koriander
- 1 deelepel gemalen komijn
- 1-1/2 deelepel cayennepeperpoeder
- 1/2 kop gehakte peterselieblaadjes
- 1/2 deelepel zout
- 1/2 deelepel zwarte peper
- Sap van 1 hele citroen, geperst
- Canola- of maïsolie om te frituren

INSTRUCTIES:

a) Doe de kikkererwten in de kom van een keukenmachine. Voeg de resterende ingrediënten toe, behalve de olie. Pulseer tot het fijngehakt maar niet gepureerd is, waarbij u de zijkanten van de kom naar beneden schraapt.

b) Voeg indien nodig weekwater toe, zodat het mengsel een bal kan vormen; maak geen papperige pasta.

c) Doe ongeveer vijf centimeter olie in een grote, diepe pan tot een diepte van minstens vijf centimeter. Verhit olie tot ongeveer 350 ° F.

d) Vorm eetlepels beslag in de vorm van balletjes of kleine pasteitjes. Bak in batches tot ze bruin zijn, draai indien nodig.

e) De kooktijd bedraagt vijf minuten. Serveer warm in pitabroodje met gehakte komkommers en tomaten en humusdip.

26.Schapen Kebab

INGREDIËNTEN:

- 3 pond lamsvlees
- 6 eetlepels citroensap
- 2 middelgrote uien gehakt
- 3 eetlepels fijngehakte koriander
- 1 eetlepel gemalen korianderzaad
- 3 teentjes knoflook fijngehakt
- 1 deelepel zout
- 1 deelepel cayennepeper

INSTRUCTIES:

a) Doe alle ingrediënten behalve het lamsvlees in een glazen kom en roer goed. Voeg de lamsblokjes toe en roer goed door.

b) Laat het mengsel minimaal 12 uur in de koelkast afkoelen, af en toe roeren. Giet de marinade af.

c) Bestrooi het vlees licht met zout en rijg de stukken aan een metalen spies. Verdring ze niet. De stukken mogen elkaar niet raken.

d) Grill of braad het lamsvlees op minstens tien centimeter van de vlam gedurende 7-12 minuten, afhankelijk van hoe zeldzaam je het vlees lekker vindt. Bestrooi met zout en cayennepeper naar smaak.

e) Marineer ter garnering de dun gesneden ui in een ondiepe kom met witte azijn.

27. Pakora's

INGREDIËNTEN:
- 1 middelgrote aubergine
- 7 ons kikkererwtenmeel
- 1 deelepel zout
- 1/2 deelepel chilipoeder (of naar smaak)
- 1/2 deelepel gemalen kurkuma
- 1 kopje koud water, min of meer
- 1 kopje plantaardige olie om te frituren

INSTRUCTIES:
a) Snijd de groenten in plakjes van ongeveer 1/4 inch dik en 2 inch in diameter en zet opzij.
b) Meng het kikkererwtenmeel, zout, chilipoeder en kurkumapoeder in een grote kom. Roer voldoende water erdoor zodat er een dik beslag ontstaat.
c) Verhit de olie in een wok of diepe koekenpan tot deze rookt. Meng de groenteplakken door het beslag, doe ze een voor een in de olie en bak ze goudbruin (pas op dat je het beslag niet spettert, want dit kan een blijvende vlek achterlaten)
d) Haal de gekookte groenten eruit met een schuimspaan en giet het overtollige vet af.
e) Serveer warm met tomatenchutney of ketchup.

28. Souvlaki

INGREDIËNTEN:
- 1 pond varkenshaas of schouder, in blokjes van 2,5 cm gesneden

MARINADE
- 1 teentje knoflook
- 1/4 kop olijfolie
- 1 eetlepel gedroogde oregano
- 1 laurierblad, verkruimeld
- 2 eetlepels citroensap
- 1/2 kopje rode wijn
- Zout en peper naar smaak
- Houten spiesjes, enkele uren in water geweekt zodat ze tijdens het koken niet verbranden.

INSTRUCTIES:
a) Verwarm de barbecue of grill op de hoogste stand.
b) Doe alle ingrediënten voor de marinade in een glazen kom, giet het over het vlees en meng goed. Dek af en zet enkele uren of een nacht in de koelkast.
c) Spies het vlees en plaats vijf of zes stukken vlees op elke spies. Zet het vuur middelhoog en laat 10-15 minuten koken, waarbij u af en toe draait om er zeker van te zijn dat ze goed gaar zijn.
d) Serveer met pitabroodje en tzatzikisaus .

29. Aardappelkroketten

INGREDIËNTEN:
- 2 pond (ongeveer 1 kg) roodbruine aardappelen, geschild en in stukjes gesneden
- 2 eetlepels. ongezouten boter
- 1/2 kopje volle melk
- 2 eierdooiers
- Zout en peper naar smaak
- 1 kopje bloem voor alle doeleinden
- 2 eieren, losgeklopt
- 2 kopjes paneermeel
- Plantaardige olie, om te frituren

INSTRUCTIES:
a) Doe de geschilde en gesneden aardappelen in een grote pan met gezouten water. Breng het water aan de kook en kook de aardappelen tot ze gaar zijn, ongeveer 15-20 minuten.
b) Giet de gekookte aardappelen af en doe ze terug in de pan. Voeg de boter, melk en eierdooiers toe aan de pot. Pureer de aardappelen en meng alles tot een glad en goed gemengd geheel. Breng op smaak met zout en peper.
c) Verdeel het aardappelmengsel over een met bakpapier beklede bakplaat. Maak het oppervlak glad en laat het volledig afkoelen. Zet het aardappelmengsel minimaal 1 uur in de koelkast, of totdat het stevig en gemakkelijk te hanteren is.
d) Zodra het aardappelmengsel is afgekoeld en stevig is geworden, vorm je het in cilinders of langwerpige vormen van ongeveer 5-7 cm lang.
e) Zet een paneerstation op met drie ondiepe kommen of borden. Doe de bloem in de ene, de losgeklopte eieren in de andere en het paneermeel in de derde.
f) Rol elke aardappelcilinder door de bloem, zodat deze lichtjes bedekt is, doop hem vervolgens in de losgeklopte eieren en bestrijk hem ten slotte gelijkmatig met het paneermeel. Herhaal dit proces totdat alle aardappelkroketten gepaneerd zijn.
g) Verhit plantaardige olie in een diepe pan of frituurpan tot een temperatuur van ongeveer 175°C.
h) Laat de gepaneerde aardappelkroketten voorzichtig in de hete olie zakken, werk in batches om te voorkomen dat de pan te vol raakt. Bak ze ongeveer 4-5 minuten, of tot ze goudbruin en knapperig zijn. Gebruik een schuimspaan of tang om ze uit de olie te halen en breng ze over naar een met keukenpapier beklede plaat om overtollige olie af te tappen.
i) Herhaal het bakproces totdat alle aardappelkroketten gaar zijn.
j) Serveer als bijgerecht of voorgerecht. Ze passen goed bij dipsauzen zoals mayonaise, ketchup of aioli.

30. Frikadels

INGREDIËNTEN:

- 1 pond rundergehakt
- 1 pond gemalen varkensvlees
- 1 ui, fijngehakt
- 2 teentjes knoflook, fijngehakt
- 1/4 kop broodkruimels
- 2 eetlepels. verse peterselie, gehakt
- 1 deelepel. gemalen nootmuskaat
- 1 deelepel. gemalen paprika
- 1 deelepel. zout
- 1/2 deelepel. zwarte peper
- 2 eieren
- Plantaardige olie, om te frituren

INSTRUCTIES:
a) Meng het rundergehakt en het gemalen varkensvlees in een grote mengkom.
b) Voeg de gesnipperde ui, gehakte knoflook, paneermeel, verse peterselie, gemalen nootmuskaat, gemalen paprika, zout en zwarte peper toe aan het vleesmengsel.
c) Meng goed totdat alle ingrediënten gelijkmatig zijn opgenomen.
d) Breek de eieren in de kom en meng opnieuw totdat de eieren volledig zijn opgenomen in het vleesmengsel.
e) Vorm het vleesmengsel in kleine worstachtige vormen, ongeveer 7-10 cm lang en 2,5 cm dik.
f) Verhit plantaardige olie in een grote koekenpan of koekenpan op middelhoog vuur.
g) Plaats de frikadels voorzichtig in de hete olie en zorg ervoor dat de pan niet te vol wordt. Bak ze indien nodig in batches.
h) Kook de frikadels ongeveer 4-5 minuten per kant, of tot ze goudbruin en gaar zijn.
i) Eenmaal gekookt, leg je de frikadels op een bord bekleed met keukenpapier om overtollige olie te absorberen.
j) Serveer de frikadels warm als hoofdgerecht of als straatvoedselsnack. Je kunt ze zo eten, maar ze kunnen ook geserveerd worden met friet, een dipsausje of op een broodje als broodje.

BROODJES EN HAMBURGERS

31.Voedselvrachtauto Sloppy Joe Honden

INGREDIËNTEN:
- 8 hotdogbroodjes
- 8 hothonden
- 1 pond rundergehakt
- 1 ui, in blokjes gesneden
- 1 paprika, in blokjes gesneden
- 1 kopje ketchup
- 2 eetlepels bruine suiker
- 1 eetlepel Worcestershiresaus
- Zout en peper naar smaak

INSTRUCTIES:

a) Kook het gehakt in een grote koekenpan op middelhoog vuur tot het bruin is en breek het tijdens het koken met een lepel uit elkaar.

b) Voeg de in blokjes gesneden ui en paprika toe aan de pan en kook tot ze zacht zijn.

c) Roer de ketchup, bruine suiker, worcestershiresaus, zout en peper erdoor. Laat 10 minuten sudderen, af en toe roeren.

d) Terwijl het sloppy joe-mengsel aan het sudderen is, gril of verwarm je de hothonden volgens de instructies op de verpakking.

e) Leg een hotdog in elk broodje en bestrijk met een royale hoeveelheid van het sloppy joe-mengsel.

f) Serveer onmiddellijk en geniet van je rommelige, heerlijke Sloppy Joe Honden!

32. Basilicum Kipsandwiches

INGREDIËNTEN:
- 2 kipfilets zonder bot en zonder vel
- Zout en peper naar smaak
- Olijfolie
- 4 ciabattabroodjes of sandwichbroodjes
- Pesto saus
- Verse basilicumblaadjes
- Gesneden tomaten
- Gesneden mozzarella-kaas

INSTRUCTIES:
a) Kruid de kipfilets met zout en peper.
b) Verhit een grill- of grillpan op middelhoog vuur.
c) Bestrijk de kipfilets met olijfolie.
d) Grill de kip 6-8 minuten aan elke kant, of tot hij gaar is en niet meer roze in het midden.
e) Snijd de gegrilde kipfilets in dunne reepjes.
f) Snijd de ciabattabroodjes of sandwichbroodjes in stukken en verdeel de pestosaus over de onderste helften.
g) Leg verse basilicumblaadjes, gesneden tomaten, gegrilde kipreepjes en gesneden mozzarella op de pesto.
h) Leg de andere helften van de broodjes erop om sandwiches te vormen.
i) Serveer onmiddellijk en geniet van je sandwiches met kip en basilicum!

33. Kip & Gekarameliseerde Ui Gegrilde Kaas

INGREDIËNTEN:
- Gesneden brood (brood naar keuze)
- Gekookte kipfilet, gesneden of versnipperd
- Gekarameliseerde uien (gesneden uien gekookt tot ze goudbruin en gekarameliseerd zijn)
- Gesneden kaas (cheddar, Zwitsers of je favoriete smeltkaas)
- Boter of margarine, zacht

INSTRUCTIES:
a) Verhit een koekenpan of bakplaat op middelhoog vuur.
b) Beboter één kant van elk sneetje brood.
c) Leg een sneetje brood met de beboterde kant naar beneden in de pan.
d) Leg de gekookte kipfilet, gekarameliseerde uien en gesneden kaas op het sneetje brood.
e) Leg er nog een sneetje brood op, met de beboterde kant naar boven, zodat er een sandwich ontstaat.
f) Kook tot het onderste sneetje brood goudbruin en krokant is en de kaas is gesmolten.
g) Draai de sandwich voorzichtig om en bak tot de andere kant goudbruin en krokant is.
h) Haal het uit de pan en laat iets afkoelen voordat je het aansnijdt.
i) Serveer je gegrilde kaas met kip en gekarameliseerde ui warm en geniet van de kleverige goedheid!

34. Kaasachtige ham- en eiersandwiches

INGREDIËNTEN:
- 4 Engelse muffins, gespleten en geroosterd
- 4 eieren
- 4 plakjes ham
- 4 plakjes kaas (cheddar, Zwitsers of naar keuze)
- Boter
- Zout en peper naar smaak

INSTRUCTIES:
a) Smelt een beetje boter in een koekenpan op middelhoog vuur.
b) Breek de eieren in de koekenpan en kook tot de gewenste gaarheid (gebakken, roerei of gepocheerd).
c) Breng de eieren op smaak met zout en peper.
d) Verwarm ondertussen de plakjes ham in de koekenpan tot ze opgewarmd zijn.
e) Leg op elk plakje ham een plakje kaas en laat het smelten.
f) Om de sandwiches samen te stellen, plaatst u een plakje ham met gesmolten kaas op de onderste helft van elke Engelse muffin.
g) Beleg met een gekookt ei en de andere helft van de Engelse muffin.
h) Serveer warm en geniet van je kaasachtige sandwiches met ham en eieren!

35. Zelfgemaakte Sloppy Joe's

INGREDIËNTEN:
- 1 pond rundergehakt
- 1 ui, in blokjes gesneden
- 1 paprika, in blokjes gesneden
- 2 teentjes knoflook, fijngehakt
- 1 kopje ketchup
- 2 eetlepels bruine suiker
- 1 eetlepel Worcestershiresaus
- 1 eetlepel mosterd
- Zout en peper naar smaak
- Hamburgerbroodjes

INSTRUCTIES:

a) Kook het gehakt in een koekenpan op middelhoog vuur tot het bruin is.
b) Voeg de in blokjes gesneden ui, paprika en gehakte knoflook toe aan de koekenpan en kook tot ze zacht zijn.
c) Roer de ketchup, bruine suiker, worcestershiresaus en mosterd erdoor.
d) Breng op smaak met zout en peper.
e) Laat het mengsel 10-15 minuten sudderen, af en toe roeren, tot het dikker wordt.
f) Rooster eventueel de hamburgerbroodjes.
g) Schep het zelfgemaakte sloppy joe-mengsel op de onderste helften van de broodjes.
h) Beleg met de andere helften van de broodjes.
i) Serveer warm en geniet van je smaakvolle zelfgemaakte sloppy joes!

36. Falafel Kipburgers Met Citroensaus

INGREDIËNTEN:
VOOR FALAFEL KIPBURGERS:
- Gemalen kip
- Falafelmix
- Olijfolie
- Hamburger broodjes
- Sla blaadjes
- Gesneden tomaten
- Gesneden rode uien
- Tzatzikisaus of hummus (optioneel)

CITROENSAUS:
- 1/2 kop Griekse yoghurt
- 2 eetlepels vers citroensap
- 1 eetlepel gehakte verse peterselie
- Zout en peper naar smaak

INSTRUCTIES:
a) Verwarm uw grill- of grillpan voor op middelhoog vuur.
b) Meng in een kom het mengsel van gemalen kip en falafel tot alles goed gemengd is.
c) Vorm het mengsel tot burgerpasteitjes.
d) Bestrijk de burgerpasteitjes met olijfolie.
e) Grill de kip-falafelburgers 5-6 minuten aan elke kant, of tot ze gaar zijn.
f) Maak ondertussen de citroensaus door Griekse yoghurt, vers citroensap, gehakte peterselie, zout en peper in een kom te mengen. Opzij zetten.
g) Rooster de burgerbroodjes indien gewenst op de grill.
h) Om de burgers samen te stellen, plaats je een gegrild kip-falafelpasteitje op de onderste helft van elk broodje.
i) Beleg met slablaadjes, gesneden tomaten en gesneden rode uien.
j) Besprenkel met citroensaus.
k) Optioneel: Verdeel tzatziki-saus of hummus op de bovenste helft van elk broodje voordat je de burgers in elkaar zet.
l) Serveer warm en geniet van je smaakvolle falafel kipburgers met citroensaus!

37.Kreeft broodjes

INGREDIËNTEN:
- Gekookt kreeftenvlees, gehakt
- Mayonaise
- Citroensap
- Gehakte bleekselderij
- Zout en peper
- Boter
- Hotdogbroodjes of splittopbroodjes
- Gehakte bieslook of peterselie voor garnering

INSTRUCTIES:
a) Meng in een kom het gehakte kreeftenvlees, de mayonaise, het citroensap, de gehakte bleekselderij, zout en peper naar smaak.
b) Verhit een koekenpan op middelhoog vuur en smelt de boter.
c) Rooster de hotdogbroodjes of splittopbroodjes in de gesmolten boter goudbruin.
d) Vul elk geroosterd broodje met het kreeftenmengsel.
e) Garneer met gehakte bieslook of peterselie.
f) Serveer de kreeftenrolletjes direct.
g) Geniet van je klassieke en heerlijke kreeftbroodjes!

38. Kipstraattaco's met maïs-jicama-salsa

INGREDIËNTEN:
- 1 pond kipfilets zonder bot, zonder vel, in blokjes gesneden
- 2 eetlepels olijfolie
- 2 eetlepels tacokruiden
- 8 kleine maïstortilla's
- 1 kopje maïskorrels (vers of ingeblikt)
- 1 kopje in blokjes gesneden jicama
- 1/4 kopje in blokjes gesneden rode ui
- 1/4 kop gehakte verse koriander
- Sap van 1 limoen
- Zout en peper naar smaak

INSTRUCTIES:
a) Meng de in blokjes gesneden kip in een kom met olijfolie en tacokruiden tot ze gelijkmatig bedekt zijn.

b) Verhit een koekenpan op middelhoog vuur en voeg de gekruide kip toe. Kook tot het bruin en gaar is, ongeveer 5-7 minuten.

c) Meng in een andere kom de maïskorrels, de in blokjes gesneden jicama, rode ui, koriander, limoensap, zout en peper om de salsa te maken.

d) Verwarm de maïstortilla's in een droge koekenpan of magnetron.

e) Stel de taco's samen door een lepel gekookte kip op elke tortilla te leggen en vervolgens te beleggen met de maïs-jicama-salsa.

f) Serveer onmiddellijk en geniet van deze smaakvolle kipstraattaco's!

39. Groene Tomaat BLT

INGREDIËNTEN:
- Groene tomaten, in plakjes gesneden
- Plakjes spek
- Sla blaadjes
- Gesneden brood
- Mayonaise
- Zout en peper naar smaak

INSTRUCTIES:
a) Bak de plakjes spek knapperig en laat ze vervolgens uitlekken op keukenpapier.
b) Bak de groene tomatenplakken in een koekenpan op middelhoog vuur aan beide kanten licht goudbruin.
c) Rooster de sneetjes brood goudbruin.
d) Smeer mayonaise op één kant van elk sneetje brood.
e) Verdeel de gebakken groene plakjes tomaat, het knapperige spek en de slablaadjes op de helft van de sneetjes brood.
f) Breng op smaak met zout en peper.
g) Beleg met de resterende sneetjes brood om de sandwiches compleet te maken.
h) Serveer onmiddellijk en geniet van je heerlijke groene tomaten BLT's!

40. Libanese straatsandwiches

INGREDIËNTEN:
- 4 pitabroodjes
- 1 pond dun gesneden gekookte shoarma van kip of rundvlees
- 1 kopje hummus
- 1 kopje in blokjes gesneden tomaten
- 1 kopje in blokjes gesneden komkommers
- 1/2 kop gehakte peterselie
- 1/4 kopje in blokjes gesneden rode uien
- Tahinisaus (optioneel)
- Augurken (optioneel)

INSTRUCTIES:
a) Verwarm de pitabroodjes in een koekenpan of magnetron.
b) Verdeel hummus op elk pitabroodje.
c) Vul elke pitabroodje met gesneden kip- of rundvleesshoarma.
d) Werk af met in blokjes gesneden tomaten, komkommers, peterselie en rode uien.
e) Besprenkel indien gewenst met tahinisaus en voeg augurken toe voor extra smaak.
f) Vouw de sandwiches dicht en serveer ze warm. Geniet van je Libanese straatbroodjes!

41. Sandwiches met gegrilde kipsalade

INGREDIËNTEN:
- 2 kopjes gekookte kipfilet, versnipperd of in blokjes gesneden
- 1/2 kop barbecuesaus
- 1/4 kop mayonaise
- 1/4 kopje in blokjes gesneden rode ui
- 1/4 kopje in blokjes gesneden selderij
- Zout en peper naar smaak
- Sandwichbrood of broodjes
- Sla blaadjes
- Gesneden tomaten (optioneel)

INSTRUCTIES:
a) Meng in een kom de gekookte kipfilet, barbecuesaus, mayonaise, in blokjes gesneden rode ui en in blokjes gesneden bleekselderij. Meng goed zodat de kip gelijkmatig bedekt is.
b) Breng op smaak met zout en peper.
c) Zet het kipsalademengsel minimaal 30 minuten in de koelkast, zodat de smaken kunnen vermengen.
d) Om de sandwiches samen te stellen, legt u op één sneetje brood of broodje een blaadje sla.
e) Schep het barbecue-kipsalademengsel op de sla.
f) Voeg eventueel gesneden tomaten toe.
g) Leg er nog een sneetje brood op of de andere helft van de rol.
h) Serveer uw gegrilde kipsaladesandwiches koud of op kamertemperatuur.
i) Geniet van je heerlijke en bevredigende broodjes!

42. Generaal Tso's broodje kip met sla

INGREDIËNTEN:
KIP VAN ALGEMENE TSO:
- 1 pond kipfilets zonder bot, zonder vel, in hapklare stukjes gesneden
- 1/2 kopje maizena
- Zout en peper naar smaak
- Plantaardige olie om te frituren
- 1/4 kop sojasaus
- 2 eetlepels hoisinsaus
- 2 eetlepels rijstazijn
- 2 eetlepels honing
- 1 eetlepel sesamolie
- 1 eetlepel maizena
- 2 teentjes knoflook, fijngehakt
- 1 deelepel geraspte gember
- 1 deelepel gemalen rode pepervlokken (aanpassen aan smaak)
- Gesneden groene uien voor garnering

BROCCOLI SLA:
- 2 kopjes broccoli slaw-mix (versnipperde broccolistengels en wortels)
- 1/4 kop mayonaise
- 1 eetlepel rijstazijn
- 1 deelepel honing
- Zout en peper naar smaak

ANDEREN:
- Sandwichbroodjes of broodjes
- Gesneden komkommer en koriander voor garnering (optioneel)

INSTRUCTIES:

a) Meng de hapklare stukjes kip in een kom met maizena tot ze gelijkmatig bedekt zijn. Breng op smaak met zout en peper.
b) Verhit plantaardige olie in een koekenpan of wok op middelhoog vuur.
c) Bak de gecoate stukjes kip in batches goudbruin en gaar, ongeveer 5-6 minuten per batch. Verwijder en laat uitlekken op keukenpapier.
d) Meng in een aparte kom sojasaus, hoisinsaus, rijstazijn, honing, sesamolie, maizena, gehakte knoflook, geraspte gember en gemalen rode pepervlokken.
e) Giet het sausmengsel in de koekenpan of wok en kook op middelhoog vuur tot het dik en bruisend is.
f) Voeg de gebakken stukjes kip toe aan de saus en roer tot ze gelijkmatig bedekt zijn. Kook nog 2-3 minuten.
g) Om de broccolislaw te maken, meng je de broccolislawmix, mayonaise, rijstazijn, honing, zout en peper in een kom tot alles goed gemengd is.
h) Rooster de sandwichbroodjes of broodjes indien gewenst.
i) Om de sandwiches samen te stellen, plaats je een royale hoeveelheid kip van Generaal Tso op de onderste helft van elk broodje.
j) Garneer eventueel met broccolisla en gesneden komkommer en koriander.
k) Bedek met de bovenste helft van het broodje.
l) Serveer direct en geniet van je heerlijke General Tso's broodje kip met broccolisla!

43. Burgersliders met geheime saus

INGREDIËNTEN:
- 1 pond rundergehakt
- Schuifbroodjes
- Zout en peper naar smaak
- Gesneden kaas (optioneel)
- Sla blaadjes
- Gesneden tomaten
- Gesneden uien

VOOR DE GEHEIME SAUS:
- 1/2 kop mayonaise
- 2 eetlepels ketchup
- 1 eetlepel gele mosterd
- 1 eetlepel zoete augurksaus
- 1 deelepel witte azijn
- 1/2 deelepel knoflookpoeder
- Zout en peper naar smaak

INSTRUCTIES:
a) Meng in een kom de mayonaise, ketchup, mosterd, zoete augurksaus, witte azijn, knoflookpoeder, zout en peper. Meng goed om de geheime saus te maken.
b) Verwarm uw grill of koekenpan op middelhoog vuur.
c) Verdeel het gehakt in kleine porties en vorm er miniburgers van. Breng op smaak met zout en peper.
d) Kook de pasteitjes op de grill of koekenpan gedurende 2-3 minuten aan elke kant, of tot ze gaar zijn tot de gewenste gaarheid.
e) Als u kaas gebruikt, plaats dan tijdens de laatste minuut van het koken een plakje op elk pasteitje om te smelten.
f) Rooster de schuifbroodjes op de grill of koekenpan.
g) Monteer de schuifregelaars door een pasteitje op de onderste helft van elk broodje te plaatsen.
h) Beleg met sla, plakjes tomaat en plakjes ui.
i) Verdeel de geheime saus over de bovenste helft van elk broodje.
j) Plaats het bovenste broodje over de toppings om de schuifregelaars te voltooien.
k) Serveer meteen en geniet van je heerlijke burger sliders met geheime saus!

44. Bang Bang garnalencake schuifregelaars

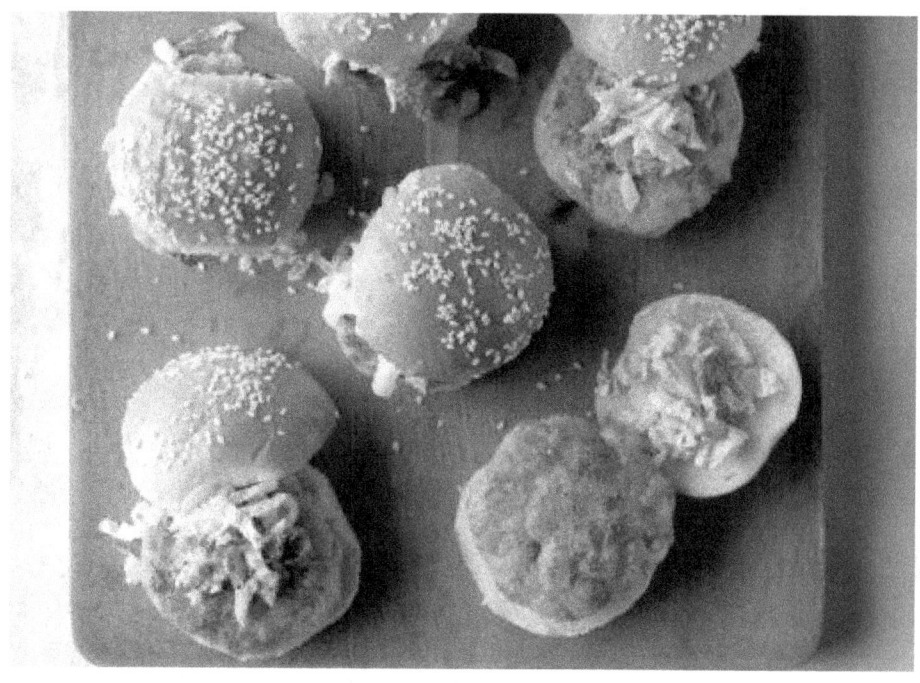

INGREDIËNTEN:
VOOR GARNALENCAKES:
- 1 pond garnalen, gepeld en ontdaan van darmen
- 1 ei
- 1/4 kop mayonaise
- 1 eetlepel Srirachasaus
- 1 eetlepel citroensap
- 1/4 kop broodkruimels
- Zout en peper naar smaak
- Schuifbroodjes
- Sla blaadjes
- Gesneden tomaten

BANG BANG SAUS:
- 1/4 kop mayonaise
- 1 eetlepel zoete chilisaus
- 1 deelepel Srirachasaus

INSTRUCTIES:
a) Verwarm uw oven voor op 190°C (375°F) en bekleed een bakplaat met bakpapier.
b) Pureer de garnalen in een keukenmachine tot ze fijngehakt zijn.
c) Klop in een kom het ei, de mayonaise, de Sriracha-saus en het citroensap door elkaar.
d) Voeg de gehakte garnalen, paneermeel, zout en peper toe aan het eimengsel. Meng tot alles goed gemengd is.
e) Vorm van het garnalenmengsel kleine pasteitjes en plaats ze op de voorbereide bakplaat.
f) Bak gedurende 12-15 minuten, of tot de garnalenkoekjes gaar en goudbruin zijn.
g) Maak ondertussen de Bang Bang-saus door mayonaise, zoete chilisaus en Sriracha-saus in een kleine kom te mengen.
h) Monteer de schuifregelaars door op elk schuifbroodje een garnalencake te plaatsen.
i) Beleg met slablaadjes, gesneden tomaten en een klodder Bang Bang-saus.
j) Serveer onmiddellijk en geniet van je Bang Bang garnalencake sliders!

45. Aziatische Getrokken Varkensvlees-sandwiches

INGREDIËNTEN:
- 2 pond varkensschouder of varkenskont
- 1/2 kopje sojasaus
- 1/4 kop hoisinsaus
- 1/4 kopje honing
- 2 teentjes knoflook, fijngehakt
- 1 eetlepel geraspte gember
- 1 eetlepel rijstazijn
- 1 deelepel sesamolie
- 1/2 deelepel Chinees vijfkruidenpoeder
- Schuifbroodjes of sandwichbroodjes
- Gesneden groene uien voor garnering

INSTRUCTIES:
a) Meng in een kom de sojasaus, hoisinsaus, honing, gehakte knoflook, geraspte gember, rijstazijn, sesamolie en Chinees vijfkruidenpoeder om de marinade te maken.
b) Plaats de varkensschouder of varkenskont in een langzaam fornuis.
c) Giet de marinade over het varkensvlees en zorg ervoor dat het gelijkmatig bedekt is.
d) Dek af en kook op de laagste stand gedurende 8-10 uur, of op de hoogste stand gedurende 4-6 uur, tot het varkensvlees zacht is en gemakkelijk met een vork in stukjes kan worden gescheurd.
e) Haal het varkensvlees uit de langzaam fornuis en trek het uit elkaar met twee vorken.
f) Doe het geraspte varkensvlees terug in de langzaam fornuis en roer het door de sappen.
g) Rooster de schuifbroodjes of sandwichbroodjes.
h) Leg op ieder broodje een royale hoeveelheid getrokken varkensvlees.
i) Garneer met gesneden groene uien.
j) Serveer direct en geniet van je heerlijke Aziatische getrokken varkensvlees sandwiches!

46. Wedstrijdwinnende Beierse gehaktbal Hoagies

INGREDIËNTEN:
VOOR GEHAKTBALLEN:
- 1 pond rundergehakt
- 1/2 kopje broodkruimels
- 1/4 kop geraspte Parmezaanse kaas
- 1 ei
- 2 teentjes knoflook, fijngehakt
- 1 eetlepel gehakte verse peterselie
- Zout en peper naar smaak

VOOR SAUS:
- 1 eetlepel olijfolie
- 1 ui, in blokjes gesneden
- 2 teentjes knoflook, fijngehakt
- 1 blik (28 oz) geplette tomaten
- 1 deelepel gedroogde oregano
- 1 deelepel gedroogde basilicum
- Zout en peper naar smaak

AANVULLEND:
- Hoagie-rollen
- Gesneden provolonekaas
- Verse basilicumblaadjes ter garnering

INSTRUCTIES:
Verwarm uw oven voor op 200°C.
a) Meng in een grote kom het gehakt, paneermeel, geraspte Parmezaanse kaas, ei, gehakte knoflook, gehakte peterselie, zout en peper. Meng tot alles goed gemengd is.
b) Vorm gehaktballetjes van het mengsel en leg ze op een met bakpapier beklede bakplaat.
c) Bak de gehaktballetjes in de voorverwarmde oven gedurende 15-20 minuten, of tot ze gaar en bruin zijn.
d) Terwijl de gehaktballetjes bakken, maak je de saus klaar. Verhit olijfolie in een koekenpan op middelhoog vuur.
e) Voeg de in blokjes gesneden ui en de gehakte knoflook toe aan de pan en kook tot ze zacht zijn.
f) Roer de geplette tomaten, gedroogde oregano, gedroogde basilicum, zout en peper erdoor. Laat 10-15 minuten sudderen, af en toe roeren.
g) Zodra de gehaktballetjes gaar zijn, doe je ze in de pan met de saus en roer je ze gelijkmatig door elkaar.
h) Verdeel de hoagiebroodjes en leg de gesneden provolonekaas aan één kant.
i) Schep het gehaktbal- en sausmengsel op de hoagiebroodjes.
j) Garneer met verse basilicumblaadjes.
k) Serveer warm en geniet van je wedstrijdwinnende Beierse gehaktbal-hoagies!

47.Sandwich met varkenslende

INGREDIËNTEN:
- 2-4 plakjes gebraden varkensvlees met knetteren
- 4 eetlepels – zoetzure rode kool
- 3 eetlepels mayonaise van goede kwaliteit
- 1 eetlepel sterke, grove mosterd
- 2 augurken, in plakjes gesneden
- 1 dameappel
- Enkele rode uienringen (optioneel)

Zuurzoete rode kool
- 1 middelgrote rode kool
- 1/2 fles rode wijn
- Specerijen: kruidnagel, laurierblaadjes, kaneelstokje, peper, steranijs
- 2 uien
- Zout
- 3 eetlepels eenden- of ganzenvet
- 2 kopjes balsamico- of ciderazijn
- 2 eetlepels rietsuiker, afhankelijk van de zoedeid van wijn en azijn

INSTRUCTIES:
a) Eventueel varkenshaasje en rode kool opwarmen.
b) Mayonaise met mosterd roeren en op sneetjes brood verdelen.
c) Leg de rode kool, het vlees, de gesneden augurken, de gesneden appel en de uienringen in laagjes op één sneetje brood en sluit af met het andere sneetje tot een sandwich.
d) Kook de rode wijn met gedroogde kruiden gedurende 5 minuten en laat 15 minuten trekken.
e) Verwijder de stengel van de koolkop als die er is en versnipper deze. Ui schillen en fijnhakken.
f) Fruit de rode kool en ui in ganzenvet in een grote pan met dikke bodem.
g) Giet de rode wijn door een zeef om de kruiden in de pan te verwijderen en voeg zout toe.
h) Laat het minimaal een uur sudderen; na enkele uren koken ontstaat een zachte en heerlijk smakelijke kool.
i) Breng de rode kool op smaak met azijn en suiker.

48. Pittige Vissandwich

INGREDIËNTEN:
- 2 pond witte zeevisfilet
- 3 eetlepels extra vergine olijfolie
- 4 teentjes knoflook, geperst
- 1 kop fijngehakte koriander
- 1/2 deelepel gemalen koriander
- 1/2 deelepel gemalen komijn
- 1/2 deelepel gemalen rode pepervlokken

VOOR DE TARATORSAUS
- 1/2 kopje tahini
- Sap van 1 citroen, of naar smaak
- 1/2 kopje water
- Zeezout

VOOR DE KNOFLOOKSAUS
- 5 grote teentjes knoflook
- 1 middelgrote aardappel, gekookt en gepureerd
- 1/3 kopje extra vergine olijfolie
- 3-4 eetlepels gezeefde yoghurt

VOOR DE BROODJES
- 6 middelgrote pitabroodjes
- 1 middelgrote tomaat, in dunne plakjes gesneden
- 1 kopje geraspte sla

INSTRUCTIES:
a) Verwarm de oven voor op 180°C
b) Leg de visfilet met het vel naar beneden op een rooster in een ovenschaal. Bak de vis gedurende 25-30 minuten of tot hij net gaar is. Laat de vis niet te gaar worden, anders wordt hij rubberachtig. Laten afkoelen. Schilfer in kleine stukjes, dek af en zet opzij.
c) Fruit de olie, knoflook, koriander en gemalen koriander in een koekenpan, onder voortdurend roeren, tot het aroma naar boven komt. Voeg vervolgens de komijn en rode peper toe. Meng goed en haal van het vuur.
d) Maak de tarator door de ingrediënten met elkaar te mengen, zout naar smaak toe te voegen, tot je een romige saus hebt, en giet het in een kleine pan. Zet op een middelhoog vuur en breng aan de

kook, onder regelmatig roeren. Wanneer de saus begint te koken, voeg je de gebakken koriander toe en laat je dit ongeveer vijf minuten sudderen, of tot de saus begint te scheiden en de olie naar de oppervlakte stijgt. Haal van het vuur en laat afkoelen.

e) Giet eventueel vocht uit de vis en voeg toe aan de tahinisaus. Meng goed, proef en pas de smaak aan.

f) Maak de knoflooksaus door de knoflookteentjes met een beetje saus in een vijzel fijn te stampen met een stamper. Meng de aardappelpuree erdoor en besprenkel langzaam de olie, alsof je een mayonaise maakt. Proef de saus en als deze te scherp is, voeg dan de gezeefde yoghurt en eventueel nog wat zout naar smaak toe.

g) Open het pitabroodje bij de naad en leg elke twee lagen over elkaar, met de ruwe kant naar boven. Besmeer elke bovenste cirkel met een beetje knoflooksaus. Verdeel de vis gelijkmatig over de pitabroodjes, strooi gelijke hoeveelheden tomaat en sla over de vis en bestrooi met een beetje zeezout.

h) Rol de pitabroodje over de visvulling en laat elke sandwich heel en snij hem diagonaal in tweeën. Je kunt de sandwich lichtjes roosteren in een Panini-broodrooster of in een hete koekenpan. Wikkel de onderste helften in een papieren servet en serveer onmiddellijk.

i) Als alternatief kunt u de vis gebruiken als topping voor crostini. Rooster zes sneetjes bruin of ander brood en bestrijk ze elk met knoflooksaus. Verdeel een beetje gesnipperde sla over de knoflook en bedek met gelijke hoeveelheden vismengsel. Verdeel er een kleine hoeveelheid fijngesneden tomaten over en bestrooi met een beetje zeezout. Serveer onmiddellijk met partjes citroen.

j) Als je de sandwich met octopus wilt maken, sauteer dan de koriander en knoflook met alle kruiden zoals beschreven in de volgende tekst en voeg naar smaak citroensap toe. Eenmaal afgekoeld, meng met gekookte, gehakte octopus. Maak de sandwich met hetzelfde garnituur.

TACOS, ENCHILADAS EN WIKKELEN

49.Voedselvrachtauto vistaco's

INGREDIËNTEN:
- 1 pond witte visfilets (zoals kabeljauw of tilapia)
- 1 eetlepel olijfolie
- 1 eetlepel tacokruiden
- 8 kleine bloem- of maïstortilla's
- Geraspte kool
- Gesneden tomaten
- Gesneden avocado
- Limoenpartjes
- Koriander voor garnering
- Zure room of salsa (optioneel)

INSTRUCTIES:
a) Verwarm uw grill of koekenpan op middelhoog vuur.
b) Wrijf de visfilets in met olijfolie en tacokruiden.
c) Grill of braad de vis gedurende 3-4 minuten per kant, of tot hij gaar en schilferig is.
d) Verwarm de tortilla's op de grill of in een droge koekenpan.
e) Snijd de gekookte vis in hapklare stukjes.
f) Stel de taco's samen door op elke tortilla wat geraspte kool te leggen, gevolgd door de visvlokken.
g) Werk af met de in blokjes gesneden tomaten, gesneden avocado en een scheutje limoensap.
h) Garneer met koriander en serveer indien gewenst met zure room of salsa.
i) Geniet van deze gemakkelijke en smaakvolle vistaco's!

50. Moo Shu Paddenstoelenwikkelen

INGREDIËNTEN:
- 8 grote bloemtortilla's
- 2 eetlepels plantaardige olie
- 1 ui, in dunne plakjes gesneden
- 2 teentjes knoflook, fijngehakt
- 8 oz champignons, in dunne plakjes gesneden
- 1 kopje geraspte kool of koolsalademix
- 2 eetlepels hoisinsaus
- 2 eetlepels sojasaus
- 1 deelepel sesamolie
- Groene uien, in plakjes gesneden (voor garnering)
- Sesamzaad (voor garnering)

INSTRUCTIES:
a) Verhit plantaardige olie in een grote koekenpan of wok op middelhoog vuur.
b) Voeg de gesneden ui en de gehakte knoflook toe aan de koekenpan en kook tot ze zacht zijn.
c) Voeg de gesneden champignons toe aan de koekenpan en kook tot ze hun vocht vrijgeven en zacht worden.
d) Roer het geraspte kool- of koolsalademengsel erdoor en kook tot het enigszins verwelkt is.
e) Meng in een kleine kom hoisinsaus, sojasaus en sesamolie.
f) Giet het sausmengsel over het champignon-koolmengsel in de koekenpan. Roer goed om te coaten.
g) Laat nog 2-3 minuten koken, tot alles warm is en goed gemengd is.
h) Verwarm de bloemtortilla's in een droge koekenpan of magnetron.
i) Schep het moo shu-champignonmengsel op het midden van elke tortilla.
j) Bestrooi met gesneden groene uien en sesamzaadjes.
k) Rol de tortilla's op en stop de zijkanten naar binnen om wikkelen te vormen.
l) Serveer onmiddellijk en geniet van je smaakvolle moo shu paddenstoelenwikkelen!

51. Californische rolverpakkingen

INGREDIËNTEN:
- Nori (zeewier)vellen
- Sushirijst
- Krabvlees of imitatie krabsticks, versnipperd
- Avocado, gesneden
- Komkommer, julienne
- Sojasaus, om te dippen

INSTRUCTIES:
a) Leg een norivel op een schoon werkoppervlak.
b) Verdeel een laag sushirijst gelijkmatig over het norivel en laat een kleine rand langs de randen vrij.
c) Schik het geraspte krabvlees, de gesneden avocado en de julienne-komkommer in het midden van de rijst.
d) Rol het norivel strak op tot een wikkelen, gebruik een bamboe sushimatje of bakpapier om het vorm te geven.
e) Snijd de rol met een scherp mes in hapklare stukken.
f) Serveer de California roll wikkelen met sojasaus om te dippen.
g) Geniet van je heerlijke en draagbare, op sushi geïnspireerde wikkelen!

52. Kiptaco's uit de langzaam fornuis

INGREDIËNTEN:
- 1 pond kipfilets zonder bot en zonder vel
- 1 pakje tacokruiden
- 1 kopje kippenbouillon
- 8 kleine bloem- of maïstortilla's
- Je favoriete taco-toppings (salsa, geraspte kaas, sla, tomatenblokjes, zure room, enz.)

INSTRUCTIES:
a) Plaats de kipfilets in de langzaam fornuis.
b) Strooi de tacokruiden over de kip.
c) Giet de kippenbouillon in de langzaam fornuis.
d) Dek af en kook op de laagste stand gedurende 6-8 uur, of op de hoogste stand gedurende 3-4 uur, tot de kip gaar is en gemakkelijk met een vork in stukjes kan worden gescheurd.
e) Verdeel de kip met twee vorken in de langzaam fornuis.
f) Verwarm de tortilla's in de magnetron of in een koekenpan.
g) Stel de taco's samen door een lepel geraspte kip op elke tortilla te leggen.
h) Garneer met je favoriete taco-toppings.
i) Serveer onmiddellijk en geniet van deze smaakvolle kiptaco's uit de langzaam fornuis!

53. Mini- Chimichanga's

INGREDIËNTEN:
- Bloem tortilla's
- Gekookte geraspte kip of rundvlees
- Gefrituurde bonen
- Geraspte kaas
- Plantaardige olie om te frituren
- Zure room, salsa, guacamole voor erbij

INSTRUCTIES:
a) Verwarm uw oven voor op 190°C.
b) Plaats een kleine hoeveelheid gekookte geraspte kip of rundvlees, gebakken bonen en geraspte kaas in het midden van elke bloemtortilla.
c) Vouw de zijkanten van de tortilla over de vulling en rol hem strak op tot mini-chimichangas.
d) Verhit plantaardige olie in een koekenpan op middelhoog vuur.
e) Bak de mini-chimichangas in de hete olie tot ze goudbruin en krokant zijn aan alle kanten, ongeveer 2-3 minuten per kant.
f) Leg de gebakken chimichangas op een bakplaat bekleed met bakpapier.
g) Bak in de voorverwarmde oven gedurende 10-12 minuten, zodat de vulling goed opgewarmd is.
h) Serveer de mini-chimichangas warm met zure room, salsa en guacamole om in te dippen.
i) Geniet van je heerlijke mini chimichangas als tussendoortje of aperitief!

54. Limoen-Chipotle Carnitas Tostadas

INGREDIËNTEN:
VOOR LIME-CHIPOTLE CARNITAS:
- 2 pond varkensschouder, in stukjes gesneden
- 1 ui, in blokjes gesneden
- 4 teentjes knoflook, fijngehakt
- 1 chipotle peper in adobosaus, fijngehakt
- 1 eetlepel adobosaus
- Sap van 2 limoenen
- 1 deelepel gemalen komijn
- 1 deelepel gedroogde oregano
- Zout en peper naar smaak
- 1 kopje kippenbouillon
- Plantaardige olie om te frituren

ANDEREN:
- Tostada-schelpen
- Gefrituurde bonen
- Geraspte sla
- Gesneden tomaten
- Gesneden avocado
- Afgebrokkelde queso-fresco
- Gehakte koriander
- Limoenpartjes

INSTRUCTIES:

a) Meng in een langzaam fornuis de stukjes varkensschouder, de in blokjes gesneden ui, de gehakte knoflook, de fijngehakte chipotle-peper, de adobosaus, het limoensap, de gemalen komijn, de gedroogde oregano, het zout, de peper en de kippenbouillon.

b) Kook op laag vuur gedurende 8 uur of op hoog vuur gedurende 4 uur, tot het varkensvlees zacht is en gemakkelijk uit elkaar valt.

c) Zodra het varkensvlees gaar is, haalt u het uit de langzaam fornuis en trekt u het uit elkaar met twee vorken.

d) Verhit plantaardige olie in een koekenpan op middelhoog vuur.

e) Bak het gesnipperde varkensvlees in de hete olie tot het knapperig en gekarameliseerd is, ongeveer 5-7 minuten.

f) Om de tostadas samen te stellen, smeert u een laag gebakken bonen op elke tostada-schaal.

g) Beleg met een royale portie knapperige limoen-chipotle carnitas.

h) Garneer met geraspte sla, in blokjes gesneden tomaten, gesneden avocado, verkruimelde queso-fresco en gehakte koriander.

i) Serveer met partjes limoen ernaast om uit te knijpen.

j) Geniet van je pittige en smaakvolle limoen-chipotle carnitas tostadas!

55.Voedselvrachtauto Smakelijke Burrito's

INGREDIËNTEN:
- 1 pond rundergehakt of kalkoen
- 1 pakje tacokruiden
- 1 blikje (15 oz) bonen
- 1 kop gekookte rijst
- 8 grote bloemtortilla's
- Geraspte sla
- Gesneden tomaten
- Geraspte kaas (cheddar, Monterey Jack of Mexicaanse mix)
- Zure room
- Salsa

INSTRUCTIES:

a) Kook het rundergehakt of de kalkoen in een koekenpan op middelhoog vuur tot het bruin is. Giet eventueel overtollig vet af.
b) Voeg de tacokruiden toe en bereid volgens de instructies op de verpakking.
c) Verwarm de gebakken bonen in een pan op middelhoog vuur.
d) Verdeel een lepel gebakken bonen op elke tortilla.
e) Werk af met gekookte rijst, gekruid rundergehakt of kalkoen, geraspte sla, in blokjes gesneden tomaten, geraspte kaas, zure room en salsa.
f) Vouw de zijkanten van elke tortilla naar binnen en rol strak op tot burrito's.
g) Serveer onmiddellijk en geniet van je smakelijke burrito's!

56.Boerenmarkt Enchiladas

INGREDIËNTEN:
- 8 maïstortilla's
- 2 kopjes gekookte kip, versnipperd
- 1 kop zwarte bonen, uitgelekt en afgespoeld
- 1 kopje maïskorrels
- 1 paprika, in blokjes gesneden
- 1 ui, in blokjes gesneden
- 2 kopjes enchiladasaus
- 1 kop geraspte kaas (cheddar, Monterey Jack of Mexicaanse mix)
- Gehakte koriander voor garnering (optioneel)

INSTRUCTIES:
a) Verwarm uw oven voor op 190°C.
b) Fruit in een koekenpan de in blokjes gesneden ui en paprika tot ze zacht zijn.
c) Voeg de geraspte kip, zwarte bonen en maïskorrels toe aan de koekenpan en roer om te combineren.
d) Giet 1/2 kopje enchiladasaus op de bodem van een ovenschaal.
e) Verwarm de maïstortilla's in de magnetron of in een koekenpan om ze soepel te maken.
f) Schep het kip-groentenmengsel op elke tortilla en rol ze strak op.
g) Leg de opgerolde enchiladas met de naad naar beneden in de ovenschaal.
h) Giet de resterende enchiladasaus over de bovenkant van de enchiladas en verdeel het gelijkmatig.
i) Strooi geraspte kaas erover.
j) Bak gedurende 20-25 minuten, of tot de kaas gesmolten en bubbelend is.
k) Garneer eventueel met gehakte koriander.
l) Serveer warm en geniet van deze smaakvolle enchiladas op de boerenmarkt!

57. Caesar-wikkelen met kip

INGREDIËNTEN:
- 2 kopjes gekookte kip, versnipperd of in plakjes gesneden
- 1/2 kop Caesar-saladedressing
- 4 grote bloemtortilla's
- Geraspte Romeinse sla
- Geraspte Parmezaanse kaas
- Croutons
- Zout en peper naar smaak

INSTRUCTIES:
a) Meng in een kom de gekookte kip en de Caesar-saladedressing. Gooi tot het gelijkmatig bedekt is.
b) Verwarm de bloemtortilla's in de magnetron of in een koekenpan om ze soepel te maken.
c) Verdeel de geraspte Romeinse sla over de tortilla's en verdeel het gelijkmatig.
d) Beleg elke tortilla met de geklede kip.
e) Bestrooi met geraspte Parmezaanse kaas en croutons.
f) Breng op smaak met zout en peper.
g) Rol de tortilla's strak op tot wikkelen.
h) Serveer onmiddellijk en geniet van je heerlijke Caesar-wikkelen met kip!

58.Kip Souvlaki Pita's

INGREDIËNTEN:
- 1 pond kipfilets zonder bot, zonder vel, in blokjes gesneden
- 1/4 kopje olijfolie
- 2 eetlepels citroensap
- 2 teentjes knoflook, fijngehakt
- 1 deelepel gedroogde oregano
- Zout en peper naar smaak
- Pita brood
- Tzatziki-saus
- Gesneden tomaten
- Gesneden uien
- Geraspte sla

INSTRUCTIES:
a) Meng in een kom de olijfolie, het citroensap, de gehakte knoflook, de gedroogde oregano, het zout en de peper om de marinade te maken.
b) Voeg de kipblokjes toe aan de marinade en schep om. Laat minimaal 30 minuten marineren.
c) Verwarm uw grill of grillpan voor op middelhoog vuur.
d) Rijg de gemarineerde kipblokjes aan spiesjes.
e) Grill de kipspiesjes gedurende 5-6 minuten aan elke kant, of tot ze gaar en licht verkoold zijn.
f) Verwarm het pitabroodje op de grill.
g) Stel de kippensouvlaki-pita's samen door op elke pita een paar stukjes gegrilde kip te leggen.
h) Bestrijk met tzatziki-saus, gesneden tomaten, gesneden uien en geraspte sla.
i) Serveer onmiddellijk en geniet van je heerlijke kip-souvlaki-pita's!

59.Voedselvrachtauto wandelende taco's

INGREDIËNTEN:
- 1 pond rundergehakt
- 1 pakje tacokruiden
- 8 losse zakjes maischips (zoals Fritos)
- Geraspte sla
- Gesneden tomaten
- In blokjes gesneden uien
- Geraspte kaas (cheddar of Mexicaanse mix)
- Gesneden jalapenos (optioneel)
- Zure room
- Salsa

INSTRUCTIES:
a) Kook het gehakt in een koekenpan op middelhoog vuur tot het bruin is. Giet eventueel overtollig vet af.
b) Voeg de tacokruiden toe aan het gekookte rundergehakt volgens de instructies op de verpakking.
c) Open elk zakje maïschips en schep in elk zakje een portie gekruid gehakt.
d) Beleg met geraspte sla, in blokjes gesneden tomaten, in blokjes gesneden uien, geraspte kaas, gesneden jalapenos (indien gebruikt), zure room en salsa.
e) Serveer direct met een vork en geniet van je walking taco's!

60.Kip Tamales

INGREDIËNTEN:
VOOR KIPVULLING:
- 2 kopjes gekookte geraspte kip
- 1 ui, in blokjes gesneden
- 2 teentjes knoflook, fijngehakt
- 1 deelepel gemalen komijn
- 1 deelepel chilipoeder
- Zout en peper naar smaak
- 1 kop tomatensaus
- 1/4 kop gehakte verse koriander

VOOR MASA DEEG:
- 2 kopjes masa-harina
- 1 deelepel bakpoeder
- 1/2 deelepel zout
- 1 1/2 kopjes kippenbouillon
- 1/2 kopje reuzel of plantaardig bakvet

AANVULLEND:
- Gedroogde maïskolven, geweekt in warm water tot ze buigzaam zijn

INSTRUCTIES:

a) Om de kipvulling te bereiden, verwarm een eetlepel olie in een koekenpan op middelhoog vuur. Voeg de in blokjes gesneden ui en de gehakte knoflook toe en kook tot ze zacht zijn.
b) Roer de gemalen komijn, chilipoeder, zout en peper erdoor. Kook nog een minuut.
c) Voeg de geraspte kip, tomatensaus en gehakte koriander toe. Kook 5-7 minuten, af en toe roeren. Haal van het vuur en zet opzij.
d) Om het masa-deeg te bereiden, combineer de masa-harina, bakpoeder en zout in een mengkom.
e) Voeg geleidelijk de kippenbouillon toe en meng tot er een zacht deeg ontstaat.
f) Klop in een aparte kom het reuzel of het plantaardige bakvet tot het licht en luchtig is.
g) Voeg geleidelijk het losgeklopte reuzel toe aan het masadeeg en meng tot het goed gemengd en luchtig is.
h) Om de tamales samen te stellen, smeert u een dunne laag masadeeg op het midden van een geweekte maïskolf.
i) Schep een deel van de kipvulling op het masadeeg.
j) Vouw de zijkanten van de maïskolven over de vulling en vouw vervolgens de onderkant van de maïskolven omhoog.
k) Herhaal met het resterende masadeeg en de vulling.
l) Zet de verzamelde tamales rechtop in een stoommandje.
m) Stoom de tamales gedurende 60-90 minuten boven kokend water, of totdat het masadeeg stevig en gaar is.
n) Haal de tamales uit de stomer en laat ze iets afkoelen voordat je ze serveert.
o) Serveer warm en geniet van je heerlijke zelfgemaakte kiptamales!

GELADEN FRIETJES

61. Geladen wafelfriet

INGREDIËNTEN:
- 1 zak bevroren wafelfriet
- 1 kopje geraspte cheddarkaas
- 1/2 kopje gekookt en verkruimeld spek
- 1/4 kop gesneden groene uien
- 1/4 kop in blokjes gesneden tomaten
- 1/4 kopje zure room
- 1/4 kop ranchdressing
- Zout en peper naar smaak
- Gehakte verse peterselie voor garnering (optioneel)

INSTRUCTIES:
a) Verwarm je oven voor volgens de instructies op de wafelfrietverpakking.
b) Verdeel de wafelfrietjes in een enkele laag op een bakplaat bekleed met bakpapier.
c) Bak de wafelfrietjes volgens de aanwijzingen op de verpakking goudbruin en krokant.
d) Zodra de wafelfriet gaar is, haalt u ze uit de oven en strooit u de geraspte cheddarkaas gelijkmatig over de bovenkant.
e) Zet de bakplaat terug in de oven en bak nog eens 2-3 minuten, of tot de kaas gesmolten en bubbelend is.
f) Haal de geladen wafelfriet uit de oven en bestrooi met gekookt en verkruimeld spek, gesneden groene uien en in blokjes gesneden tomaten.
g) Besprenkel met zure room en ranchdressing.
h) Breng op smaak met zout en peper.
i) Garneer eventueel met gehakte verse peterselie.
j) Serveer meteen en geniet van je heerlijke belegde wafelfriet als tussendoortje of aperitiefhapje!

62.Buffalo blauwe kaasfrietjes

INGREDIËNTEN:
- 4 grote aardappelen, in frietjes gesneden
- 2 eetlepels olijfolie
- ¼ kopje buffelsaus
- ¼ kopje verkruimelde blauwe kaas
- ¼ kopje gehakte selderij
- Zout en peper naar smaak

INSTRUCTIES:
a) Verwarm de oven voor op 220°C (425°F) en bekleed een bakplaat met bakpapier.
b) Meng de frietjes in een grote kom met olijfolie, zout en peper.
c) Verdeel de frietjes in een enkele laag op de bakplaat en bak ze 25-30 minuten, of tot ze knapperig zijn.
d) Haal uit de oven en besprenkel met buffelsaus.
e) Strooi verkruimelde blauwe kaas en gehakte bleekselderij over de friet.
f) Zet de frietjes nog eens 2-3 minuten in de oven, of tot de kaas lichtjes smelt.
g) Heet opdienen.

63. Geladen Chili Kaas Friet

INGREDIËNTEN:
- 4 grote roodbruine aardappelen
- Plantaardige olie om te frituren
- Zout naar smaak
- 1 kopje chili con carne
- 1 kopje geraspte cheddarkaas
- Zure room
- Gehakte groene uien

INSTRUCTIES:

a) Volg de instructies voor het maken van klassieke zelfgemaakte frites (recept eerder verstrekt) om de aardappelen knapperig te bakken of bakken.

b) Zodra de frietjes gaar zijn, doe ze in een serveerschaal en bestrooi ze met zout.

c) Schep de chili con carne over de friet.

d) Strooi de geraspte cheddarkaas over de chili.

e) Plaats de geladen frietjes een paar minuten onder de grill tot de kaas smelt.

f) Haal het uit de oven en bedek met klodders zure room en gehakte groene uien.

g) Serveer onmiddellijk en geniet van de heerlijke belegde chili-kaasfriet.

64.Truffel Parmezaanse frietjes

INGREDIËNTEN:
- 4 grote roodbruine aardappelen
- 3 eetlepels truffelolie
- ¼ kopje geraspte Parmezaanse kaas
- 1 eetlepel fijngehakte verse peterselie
- Zout en peper naar smaak

INSTRUCTIES:
a) Verwarm de oven voor op 220°C. Bekleed een bakplaat met bakpapier of aluminiumfolie om het schoonmaken te vergemakkelijken.
b) Was en droog de aardappelen grondig. Laat de schil zitten voor extra textuur, of pel ze indien gewenst. Snijd de aardappelen in uniforme plakken, ongeveer ¼ tot ½ inch (0,6 tot 1,3 cm) dik.
c) Doe de aardappelsticks in een grote kom en sprenkel de truffelolie erover. Roer goed door, zodat de frietjes gelijkmatig met de olie bedekt zijn.
d) Verdeel de frietjes in een enkele laag op de voorbereide bakplaat. Zorg ervoor dat er wat ruimte tussen zit, zodat ze gelijkmatig gaar en knapperig zijn.
e) Breng de frietjes naar eigen smaak op smaak met peper en zout.
f) Vergeet niet dat Parmezaanse kaas wat zout toevoegt, dus doe indien gewenst rustig aan met het zout.
g) Plaats de bakplaat in de voorverwarmde oven en bak ongeveer 25-30 minuten, of tot de frietjes goudbruin en knapperig zijn. Draai de frietjes halverwege de baktijd om, zodat ze gelijkmatig bruin worden.
h) Zodra de frietjes gaar zijn, haal je ze uit de oven en strooi je de geraspte Parmezaanse kaas over de hete frietjes. De restwarmte zorgt ervoor dat de kaas iets smelt.
i) Garneer de frietjes met fijngehakte verse peterselie voor extra frisheid en smaak.
j) Serveer de truffel-parmezaanse frietjes onmiddellijk, terwijl ze nog warm en knapperig zijn. Je kunt ze zo eten of als heerlijk bijgerecht bij hamburgers, sandwiches of een andere maaltijd naar keuze.

65. Frieten voor het ontbijt

INGREDIËNTEN:
- 1 deelepel boter, of naar smaak
- ¼ kopje bevroren frietjes, of naar smaak
- 2 eieren, losgeklopt
- 1 snufje zout en gemalen zwarte peper naar smaak

INSTRUCTIES:

a)   Laat je boter heet worden en smelten in een gietijzeren pan.

b)   Zodra de boter heet is, voeg je de frietjes toe en kook je ze ongeveer 6 minuten.

c)   Combineer het zout, de eieren en vervolgens de peper, en blijf alles nog ongeveer 4 tot 6 minuten roeren.

66. Bacon Ranch- friet

INGREDIËNTEN:
- 4 grote roodbruine aardappelen
- 2 eetlepels plantaardige olie
- 1 eetlepel ranchkruidenmix
- ½ kopje geraspte cheddarkaas
- 4 plakjes gekookt spek, verkruimeld
- Gehakte verse peterselie voor garnering (optioneel)

INSTRUCTIES:

a) Verwarm de oven voor op 220°C (425°F) en bekleed een bakplaat met bakpapier.

b) Was en droog de aardappelen, maar laat de schil eraan. Snijd ze in frietjes van ¼ tot ½ inch dik.

c) Meng de friet in een grote kom met plantaardige olie en ranchkruidenmix.

d) Verdeel de frietjes in een enkele laag op de bakplaat en bak ze in 25-30 minuten knapperig.

e) Haal het uit de oven en bestrooi met geraspte cheddarkaas en verkruimeld spek.

f) Zet terug in de oven gedurende 2-3 minuten tot de kaas is gesmolten.

g) Garneer indien gewenst met gehakte verse peterselie en serveer warm.

67.Frituur Diner Bak

INGREDIËNTEN:
- 1 eetlepel plantaardige olie
- 1 ½ pond mager rundergehakt
- ½ ui, in blokjes gesneden ½ groene paprika, in blokjes gesneden
- zout en zwarte peper naar smaak
- 10 ¾ ounce kan gecondenseerde champignonroomsoep
- ¾ kopje smeltkaassaus zoals Cheez Whiz
- 14- ounce pakket bevroren kleine frietjes

INSTRUCTIES:

a) Smeer een ovenschaal in met olie en zet de oven op 400 graden voordat je iets anders doet.

b) Terwijl de oven opwarmt, bak je het rundergehakt in olie en combineer dan de groene paprika en ui. Roerbak het rundvlees gedurende 14 minuten tot het volledig gaar is. Voeg wat peper en zout toe en meng het door de soep. Roer alles door elkaar en laat het mengsel koken. Zodra alles zachtjes kookt, zet je het vuur laag.

c) Plaats de kaas ongeveer 45 seconden in de magnetron om te smelten en doe het vlees in de braadpan. Bestrijk het vlees met de kaas en leg de frietjes eroverheen.

d) Kook het gerecht in de oven gedurende 20 minuten of tot alles, de frietjes gaar zijn.

68.BBQ- kipfrietjes

INGREDIËNTEN:
- 4 grote aardappelen, in frietjes gesneden
- 2 kopjes gekookte kip, versnipperd
- ½ kopje barbecuesaus
- 1 kopje geraspte cheddarkaas
- ¼ kopje groene uien, gehakt
- Zout en peper naar smaak

INSTRUCTIES:

a) Verwarm de oven voor op 220°C (425°F) en bekleed een bakplaat met bakpapier.

b) Verdeel de aardappelfrietjes in een enkele laag op de bakplaat en bak ze 25-30 minuten, of tot ze knapperig zijn.

c) Verhit de barbecuesaus en de geraspte kip in een kleine pan op middelhoog vuur tot ze opgewarmd zijn.

d) Haal de frietjes uit de oven en bestrooi ze met peper en zout.

e) Giet het BBQ-kipmengsel over de frietjes en bestrooi met geraspte cheddarkaas.

f) Zet de frietjes nog eens 5-7 minuten in de oven, of totdat de kaas smelt.

g) Garneer met gehakte groene uien en serveer warm.

69.BBQ Getrokken Varkensvlees -friet

INGREDIËNTEN:
- 4 grote roodbruine aardappelen
- Plantaardige olie om te frituren
- Zout naar smaak
- 1 kopje BBQ-trokken varkensvlees
- 1 kopje geraspte Monterey Jack of Cheddarkaas
- Gesneden jalapeño's
- Gehakte koriander

INSTRUCTIES:
a) Bereid de klassieke huisgemaakte frites.
b) Zodra de frietjes gaar zijn, doe ze in een serveerschaal en bestrooi ze met zout.
c) Schep de getrokken varkensvlees over de friet.
d) Strooi de geraspte kaas over de getrokken varkensvlees.
e) Werk af met gesneden jalapeños voor een extra kick.
f) Garneer met gehakte koriander.
g) Serveer onmiddellijk en geniet van de belegde BBQ getrokken varkensvlees frietjes.

70.Cheeseburger frietjes

INGREDIËNTEN:
- 1 pond rundergehakt
- 1 eetlepel olijfolie
- 1 kleine ui, fijngehakt
- 2 teentjes knoflook, fijngehakt
- Zout en peper naar smaak
- Bevroren frietjes
- Geraspte Cheddarkaas
- Gesneden tomaten
- In blokjes gesneden augurken
- In blokjes gesneden rode ui
- Ketchup en mosterd (optioneel)

INSTRUCTIES:

a) Verwarm de oven voor en bak de bevroren frietjes volgens de instructies op de verpakking .

b) Verhit olijfolie in een koekenpan op middelhoog vuur en voeg de gesnipperde ui en de gehakte knoflook toe. Kook tot het zacht is.

c) Voeg het gehakt toe aan de koekenpan en bak tot het bruin is en verdeel het in kleine stukjes. Breng op smaak met zout en peper.

d) Zodra de frietjes gaar zijn, doe je ze in een ovenvaste schaal of bakplaat.

e) Strooi het gekookte rundergehakt over de friet en beleg met geraspte cheddarkaas.

f) Rooster een paar minuten in de oven tot de kaas gesmolten en bubbelend is.

g) Haal het uit de oven en garneer met de in blokjes gesneden tomaten, augurken en rode ui.

h) Serveer eventueel met ketchup en mosterd.

71.Rundvlees Chili Kaas Friet

INGREDIËNTEN:
- 1 pond rundergehakt
- 1 eetlepel olijfolie
- 1 kleine ui, gehakt
- 2 teentjes knoflook, fijngehakt
- 1 blikje (15 ounces) bruine bonen, uitgelekt en afgespoeld
- 1 blikje tomatenblokjes (14,5 ons).
- 1 blikje (8 ons) tomatensaus
- 2 eetlepels chilipoeder
- 1 deelepel gemalen komijn
- Zout en peper naar smaak
- Bevroren frietjes
- Geraspte Cheddarkaas
- Gesneden jalapenos (optioneel)
- Gehakte groene uien (optioneel)

INSTRUCTIES:
a) Verwarm de oven voor en bak de bevroren frietjes volgens de instructies op de verpakking .
b) Verhit olijfolie in een koekenpan op middelhoog vuur en voeg de gesnipperde ui en de gehakte knoflook toe. Kook tot het zacht is.
c) Voeg het gehakt toe aan de koekenpan en bak tot het bruin is en verdeel het in kleine stukjes. Giet eventueel overtollig vet af.
d) Roer de bruine bonen, de tomatenblokjes, de tomatensaus, het chilipoeder, de komijn, het zout en de peper erdoor. Laat ongeveer 15 minuten sudderen zodat de smaken zich kunnen vermengen.
e) Zodra de frietjes gaar zijn, doe je ze in een ovenvaste schaal of bakplaat.
f) Schep de runderchili over de friet en bestrooi met geraspte cheddarkaas.
g) Rooster een paar minuten in de oven tot de kaas gesmolten en bubbelend is.
h) Haal het uit de oven en beleg indien gewenst met gesneden jalapenos en gehakte groene uien.

72.Kip Ranch frietjes

INGREDIËNTEN:
- Bevroren frietjes
- Gekookte kipfilet, in blokjes gesneden of versnipperd
- Krokant spek, verkruimeld
- ranch dressing
- Geraspte kaas
- Gehakte verse peterselie (optioneel)

INSTRUCTIES:
a) Verwarm de oven voor en bak de bevroren frietjes volgens de instructies op de verpakking.
b) Zodra de frietjes gaar zijn, doe je ze in een ovenvaste schaal of bakplaat.
c) Beleg de frietjes met in blokjes gesneden of versnipperde gekookte kipfilet.
d) Strooi knapperige spekkruimels over de kip.
e) Druppel de ranchdressing over de frietjes.
f) Strooi er geraspte kaas over.
g) Rooster een paar minuten in de oven tot de kaas gesmolten en bubbelend is.
h) Haal het uit de oven en garneer eventueel met gehakte verse peterselie.

73. Cajun- garnalenfrietjes

INGREDIËNTEN:
- 1 pond (450 g) grote garnalen, gepeld en ontdaan
- 2 eetlepels Cajunkruiden
- ½ deelepel knoflookpoeder
- ½ deelepel paprikapoeder
- Zout en peper naar smaak
- 4 kopjes bevroren frietjes
- Olijfolie om te besprenkelen
- Verse peterselie, gehakt (optioneel)
- Citroenpartjes voor erbij

INSTRUCTIES:
a) Verwarm de oven voor en bak de bevroren frietjes volgens de instructies op de verpakking.
b) Meng in een kom de Cajun-kruiden, knoflookpoeder, paprikapoeder, zout en peper.
c) Dep de garnalen droog met keukenpapier en schep ze vervolgens door het kruidenmengsel tot ze gelijkmatig bedekt zijn.
d) Verhit olijfolie in een koekenpan op middelhoog vuur.
e) Kook de gekruide garnalen ongeveer 2-3 minuten per kant of tot ze gaar en licht verkoold zijn.
f) Haal de gekookte frietjes uit de oven en leg ze op een serveerschaal.
g) Verdeel de cajungarnalen over de frietjes.
h) Besprenkel met olijfolie en bestrooi indien gewenst met verse peterselie.
i) Serveer met partjes citroen om over de garnalen en frietjes uit te knijpen.

74. Voedselvrachtauto Poutine

INGREDIËNTEN:
- 4 grote aardappelen, geschild en in frietjes gesneden
- Plantaardige olie om te frituren
- 2 kopjes kaaskwark
- Saus:
- 2 eetlepels boter
- 2 eetlepels bloem voor alle doeleinden
- 2 kopjes rundvlees- of kippenbouillon
- Zout en peper naar smaak

INSTRUCTIES:
a) Verhit plantaardige olie in een frituurpan of grote pan tot 175°C.
b) Frituur de aardappelfrietjes in porties goudbruin en knapperig. Haal uit de olie en laat uitlekken op keukenpapier.
c) Smelt de boter in een pan op middelhoog vuur. Roer de bloem erdoor, maak een roux en kook 1-2 minuten.
d) Voeg geleidelijk de runder- of kippenbouillon toe tot een gladde massa. Breng aan de kook en kook tot het ingedikt is, ongeveer 5-7 minuten, af en toe roeren.
e) Breng de jus op smaak met peper en zout.
f) Om de poutine samen te stellen, plaats je een laag friet op een serveerbord of kom. Bestrijk met kaaskwark.
g) Giet de hete jus over de friet en de kaaskwark en laat de kaas lichtjes smelten.
h) Serveer onmiddellijk en geniet van je heerlijke poutine!

NET

75. De beste babyruggen

INGREDIËNTEN:
- 2 rekken met babyruggen
- 1 kopje barbecuesaus
- 1/4 kop bruine suiker
- 2 eetlepels paprikapoeder
- 2 eetlepels knoflookpoeder
- 2 eetlepels uienpoeder
- 1 eetlepel chilipoeder
- Zout en peper naar smaak

INSTRUCTIES:
a) Verwarm uw grill voor op middelhoog vuur.
b) Meng in een kleine kom de bruine suiker, paprikapoeder, knoflookpoeder, uienpoeder, chilipoeder, zout en peper tot een droge rub.
c) Wrijf de droge rub royaal over beide zijden van de ribben.
d) Leg de ribben op de grill en laat ze 1,5 tot 2 uur koken, of tot het vlees zacht is en gemakkelijk van het bot loslaat.
e) Bestrijk de ribben tijdens de laatste 15 minuten koken met barbecuesaus en draai ze af en toe om een gelijkmatige coating te garanderen.
f) Als u klaar bent, haalt u de ribben van de grill en laat u ze een paar minuten rusten voordat u ze in stukken snijdt en serveert. Geniet van je heerlijke baby back ribs!

76. Gerookte Mac en Kaas

INGREDIËNTEN:
- 1 pond elleboogmacaroni
- 4 eetlepels ongezouten boter
- 1/4 kopje bloem voor alle doeleinden
- 2 kopjes volle melk
- 2 kopjes geraspte kaas (cheddar, Monterey Jack of een mengsel)
- Zout en peper naar smaak
- Gerookte paprika voor garnering (optioneel)

INSTRUCTIES:
a) Kook de elleboogmacaroni volgens de instructies op de verpakking al dente. Giet af en zet opzij.
b) Smelt de boter in een grote pan op middelhoog vuur.
c) Roer de bloem erdoor zodat er een roux ontstaat en kook 1-2 minuten tot hij goudbruin is.
d) Voeg geleidelijk de melk toe, onder voortdurend roeren om klontjes te voorkomen.
e) Kook de saus tot hij ingedikt is, ongeveer 5 minuten, en roer regelmatig.
f) Haal de pan van het vuur en roer de geraspte kaas erdoor tot deze gesmolten en glad is.
g) Breng de kaassaus op smaak met peper en zout.
h) Voeg de gekookte macaroni toe aan de kaassaus en roer tot deze gelijkmatig bedekt is.
i) Verwarm uw roker voor op 110°C (225°F).
j) Breng de macaroni en kaas over naar een wegwerpbare aluminium pan of een gietijzeren koekenpan.
k) Plaats de pan in de roker en rook gedurende 1-2 uur, totdat de macaroni en kaas een rokerige smaak krijgen.
l) Bestrooi eventueel met gerookte paprikapoeder ter garnering.
m) Serveer warm en geniet van je heerlijke gerookte mac en kaas!

77.Koreaans rundvlees en rijst

INGREDIËNTEN:
- 1 pond rundergehakt
- 1/4 kop sojasaus
- 2 eetlepels bruine suiker
- 2 teentjes knoflook, fijngehakt
- 1 deelepel geraspte gember
- 1 eetlepel sesamolie
- 2 groene uien, gehakt
- Gekookte rijst
- Sesamzaadjes ter garnering
- Gesneden groene uien voor garnering
- Optioneel: gesneden wortelen, paprika of andere groenten

INSTRUCTIES:
a) Kook het gehakt in een koekenpan op middelhoog vuur tot het bruin en gaar is. Giet eventueel overtollig vet af.
b) Meng in een kleine kom de sojasaus, bruine suiker, gehakte knoflook, geraspte gember en sesamolie.
c) Giet de saus over het gekookte rundergehakt en roer tot het gelijkmatig bedekt is.
d) Voeg gehakte groene uien (en eventuele optionele groenten) toe aan de koekenpan en kook nog eens 2-3 minuten.
e) Serveer het Koreaanse rundvlees met gekookte rijst.
f) Garneer met sesamzaadjes en gesneden groene uien.
g) Geniet van je smaakvolle Koreaanse rundvlees en rijst!

78. Favoriete vleesbrood-gyros

INGREDIËNTEN:
- 1 pond rundergehakt
- 1/2 kopje broodkruimels
- 1/4 kopje melk
- 1 ei
- 2 teentjes knoflook, fijngehakt
- 1 deelepel gedroogde oregano
- 1 deelepel gedroogde basilicum
- Zout en peper naar smaak
- Tzatziki-saus
- Pita brood
- Gesneden tomaten
- Gesneden uien
- Sla

INSTRUCTIES:
a) Verwarm uw oven voor op 190°C.
b) Meng in een grote kom het gehakt, paneermeel, melk, ei, gehakte knoflook, gedroogde oregano, gedroogde basilicum, zout en peper. Goed mengen.
c) Vorm gehaktballetjes van het mengsel en leg ze op een met bakpapier beklede bakplaat.
d) Bak gedurende 25-30 minuten, of tot het gaar is.
e) Terwijl de gehaktgyros bakken, maak je de tzatziki-saus klaar en bereid je het pitabroodje en de toppings.
f) Verwarm het pitabroodje in de oven of in een koekenpan.
g) Stel de gyros samen door op elk pitabroodje een gehaktpasteitje te leggen.
h) Bestrijk met tzatziki-saus, gesneden tomaten, gesneden uien en sla.
i) Vouw het pitabroodje over de toppings zodat er een gyros ontstaat.
j) Serveer direct en geniet van je favoriete gehaktgyros!

79. Varkensvlees & Ramen Roerbak

INGREDIËNTEN:
- 2 pakjes instant ramennoedels (gooi kruidenzakjes weg)
- 1 pond varkenshaas, in dunne plakjes gesneden
- 2 eetlepels sojasaus
- 1 eetlepel oestersaus
- 1 eetlepel hoisinsaus
- 1 eetlepel sesamolie
- 2 teentjes knoflook, fijngehakt
- 1 eetlepel geraspte gember
- 2 kopjes gemengde groenten (zoals paprika, erwten, wortels)
- Groene uien, gehakt voor garnering
- Sesamzaadjes ter garnering

INSTRUCTIES:
a) Kook de instant ramennoedels volgens de instructies op de verpakking. Giet af en zet opzij.
b) Marineer de dun gesneden varkenslende in een kom in sojasaus, oestersaus, hoisinsaus, sesamolie, gehakte knoflook en geraspte gember gedurende 15-20 minuten.
c) Verhit een grote koekenpan of wok op hoog vuur. Voeg het gemarineerde varkensvlees toe en roerbak tot het gaar en bruin is, ongeveer 3-4 minuten.
d) Voeg de gemengde groenten toe aan de koekenpan en roerbak nog 2-3 minuten, of tot ze knapperig gaar zijn.
e) Voeg de gekookte ramennoedels toe aan de koekenpan en meng ze met het varkensvlees en de groenten.
f) Laat nog 2-3 minuten koken, onder regelmatig roeren.
g) Haal van het vuur en garneer met gehakte groene uien en sesamzaadjes.
h) Serveer warm en geniet van je smaakvolle roerbakgerecht met varkensvlees en ramen!

80.Chili-Gewreven Ribben

INGREDIËNTEN:
- Babyruggen
- Chili poeder
- Knoflook poeder
- Uien poeder
- Paprika
- Zout en peper
- Barbecuesaus om te serveren

INSTRUCTIES:
a) Verwarm uw grill voor op middelhoog vuur.
b) Meng in een kleine kom chilipoeder, knoflookpoeder, uienpoeder, paprikapoeder, zout en peper om de chili-rub te maken.
c) Wrijf het chilimengsel royaal over het oppervlak van de babyruggen.
d) Leg de gekruide ribben op de voorverwarmde grill en bak ze 1-1,5 uur, af en toe draaiend, tot de ribben zacht en gaar zijn.
e) Bestrijk de ribben desgewenst tijdens de laatste 10 minuten grillen met barbecuesaus.
f) Haal de ribben van de grill en laat ze een paar minuten rusten voordat je ze serveert.
g) Serveer de met chili gewreven ribben van de Big John's warm met extra barbecuesaus ernaast.
h) Geniet van de smaakvolle en malse spareribs!

81.Getrokken Varkensvlees-parfait

INGREDIËNTEN:
- Getrokken varkensvlees
- Aardappelpuree
- Barbecuesaus
- Koolsalade
- Groene uien, gehakt (optioneel)

INSTRUCTIES:
a) Leg het getrokken varkensvlees op de bodem van een glas of serveerschaal.
b) Leg een laagje aardappelpuree bovenop de getrokken varkensvlees.
c) Giet de barbecuesaus over de aardappelpuree.
d) Voeg een laagje koolsla toe bovenop de barbecuesaus.
e) Herhaal de lagen tot het glas of de schaal gevuld is en eindig met een laag koolsalade erop.
f) Garneer indien gewenst met gehakte groene uien.
g) Serveer onmiddellijk en geniet van je hartige getrokken varkensvlees parfait!

82. Voedselvrachtauto Pad Thai

INGREDIËNTEN:
- 8 oz rijstnoedels
- 2 eetlepels plantaardige olie
- 2 teentjes knoflook, fijngehakt
- 1 kopje gekookte kip, garnalen of tofu (optioneel)
- 2 eieren, lichtgeklopt
- 1 kopje taugé
- 1/4 kop gehakte groene uien
- 1/4 kop gehakte pinda's
- Limoenpartjes voor erbij
- Pad Thai saus:
- 3 eetlepels vissaus
- 2 eetlepels sojasaus
- 2 eetlepels tamarindepasta
- 1 eetlepel bruine suiker
- 1 deelepel chilivlokken (naar smaak aanpassen)

INSTRUCTIES:
a) Kook de rijstnoedels volgens de instructies op de verpakking. Giet af en zet opzij.
b) Meng in een kleine kom de ingrediënten voor de Pad Thai-saus: vissaus, sojasaus, tamarindepasta, bruine suiker en chilivlokken. Opzij zetten.
c) Verhit plantaardige olie in een grote koekenpan of wok op middelhoog vuur.
d) Voeg gehakte knoflook toe aan de koekenpan en kook tot het geurig is.
e) Voeg, indien gebruikt, gekookte kip, garnalen of tofu toe aan de koekenpan en roerbak tot het gaar is.
f) Duw de ingrediënten naar de ene kant van de pan en giet de losgeklopte eieren in de andere kant. Roer de eieren totdat ze gaar zijn.
g) Voeg de gekookte rijstnoedels toe aan de pan, samen met de Pad Thai-saus. Meng alles door elkaar tot het goed gemengd is.
h) Roer de taugé en de gehakte groene uien erdoor en kook nog 1-2 minuten.
i) Haal van het vuur en garneer met gehakte pinda's.
j) Serveer warm met partjes limoen ernaast.
k) Geniet van je gemakkelijke Pad Thai!

83. Kip Kiev

INGREDIËNTEN:
- 4 kippenborsten, elk ongeveer 1/2 pond
- Zout en peper naar smaak
- 1/4 pond (8 eetlepels) boter, verzacht
- 1 deelepel dille-wiet, fijngehakt
- 1 deelepel pMelk bladpeterselie, fijngehakt
- 1 kopje bloem
- 2 eieren, losgeklopt
- 2 kopjes fijn broodkruim
- Olie om te frituren

INSTRUCTIES:
a) Leg de kipfilets op een vel plasticfolie en sla ze voorzichtig met een vleeshamer tot ze vrij dun zijn. Bestrooi met zout en peper naar smaak.
b) Doe de zachte boter in een kom en meng er met een vork of vingers de dille en peterselie goed door.
c) Vorm een rol van de boter en plaats deze ongeveer 10-20 minuten in de vriezer tot hij hard is, maar niet bevroren.
d) Haal de boter, wanneer deze uitgehard is, uit de vriezer en verdeel hem in vier even grote rollen.
e) Leg elke rol op de lange zijde van elke kipfilet. Duw de korte zijden naar het midden toe, vouw de lange zijde van de borst over de boter en rol hem strak op. Als alles klaar is, plaats je de borsten ongeveer een uur in de koelkast, tot ze koud zijn.
f) Als je klaar bent om te koken, verwarm dan ongeveer 1,5 tot 2 inch olie in een diepe, zware pan tot 350 ° F.
g) Klop het ei los in een kom en doe de bloem op het ene bord, het paneermeel op het andere. Rol de kipfilet door de bloem, vervolgens door het eimengsel en vervolgens door het paneermeel tot hij goed bedekt is. Leg ze in hete olie en bak ze zes tot zeven minuten tot ze goed bruin zijn. Zorg ervoor dat de kip gaar is.
h) Als je klaar bent, haal je het uit de pan en laat je het uitlekken op keukenpapier.
i) Serveer met gesneden komkommers of geraspte zuurkool.

84. Vol-au-Vent

INGREDIËNTEN:
- 4-6 bladerdeegschelpen (in de winkel gekocht of zelfgemaakt)
- 1 pond kipfilet, in hapklare stukjes gesneden
- 8 Oz. champignons, gesneden
- 4 eetlepels. boter
- 4 eetlepels. bloem voor alle doeleinden
- 2 kopjes kippenbouillon
- 1 kopje zware room
- 1 ui, fijngehakt
- 2 teentjes knoflook, fijngehakt
- 1 eetl. verse tijmblaadjes
- Zout en peper naar smaak
- Eieren wassen (1 ei losgeklopt met een scheutje water)
- Verse peterselie, gehakt (voor garnering, optioneel)

INSTRUCTIES:
a) Verwarm de oven voor op de temperatuur die op de bladerdeegverpakking staat aangegeven. Bak de bladerdeegschelpen volgens de instructies goudbruin en gepoft. Opzij zetten.
b) Smelt de boter in een grote koekenpan op middelhoog vuur.
c) Voeg de gesnipperde ui en de gehakte knoflook toe en bak tot ze zacht en doorschijnend worden.
d) Voeg de stukken kip toe aan de pan en kook tot ze niet meer roze zijn. Haal de kip uit de koekenpan en zet hem opzij.
e) Voeg in dezelfde koekenpan de gesneden champignons toe en kook tot ze hun vocht vrijgeven en goudbruin worden.
f) Strooi de bloem over de champignons en roer goed zodat ze bedekt zijn.
g) Laat een minuut of twee koken om de smaak van rauwe bloem eruit te halen.
h) Giet geleidelijk de kippenbouillon erbij, onder voortdurend roeren. Breng het mengsel aan de kook en laat het indikken.
i) Roer de slagroom en verse tijmblaadjes erdoor. Blijf een paar minuten sudderen tot de saus dik en romig is.
j) Doe de gekookte kip terug in de pan en breng op smaak met zout en peper.
k) Roer goed om de kip met de saus te combineren.
l) Om ze in elkaar te zetten, verwijdert u voorzichtig het bovenste gedeelte van de bladerdeegschalen om een holte te creëren. Vul elke schaal met de kip- en champignonsaus.
m) Plaats het bovenste gedeelte van de bladerdeegschelpen terug op de vulling. Bestrijk de bovenkanten lichtjes met de eierwas.
n) Plaats de gevulde bladerdeegschelpen op een bakplaat en bak ze in de voorverwarmde oven gedurende ongeveer 10-15 minuten, of tot de bovenkant goudbruin is en de vulling goed opgewarmd is.
o) Garneer eventueel met gehakte verse peterselie en serveer de Vol-au-Vent warm.

DESSERT EN SNOEPJES

85. Traditionele trechtercakes

INGREDIËNTEN:
- 2 kopjes All-purpose Flour
- 1 deelepel bakpoeder
- 1/2 deelepel zout
- 2 eetlepels kristalsuiker
- 2 eieren
- 1 1/2 kopjes melk
- 1 deelepel vanille-extract
- Plantaardige olie, om te frituren
- Poedersuiker, om te bestuiven

INSTRUCTIES:

a) Meng in een grote mengkom de bloem, het bakpoeder, het zout en de kristalsuiker.

b) Klop in een aparte kom de eieren los en roer er vervolgens de melk en het vanille-extract door.

c) Voeg geleidelijk de natte ingrediënten toe aan de droge ingrediënten, roer tot een gladde massa en goed gecombineerd is.

d) Verhit ongeveer 2,5 cm plantaardige olie in een diepe koekenpan of pot tot 190°C.

e) Giet het beslag in een trechter of knijpfles en giet het voorzichtig in cirkelvormige bewegingen in de hete olie, zodat een roosterpatroon ontstaat.

f) Bak de trechtercakes ongeveer 2 minuten aan elke kant, of tot ze goudbruin en knapperig zijn.

g) Haal de trechterkoekjes met een tang uit de olie en laat ze uitlekken op keukenpapier.

h) Bestrooi de warme trechterkoekjes rijkelijk met poedersuiker.

i) Serveer onmiddellijk en geniet van de klassieke smaak van traditionele trechtercakes!

86. Snoep Craze-ijssandwiches

INGREDIËNTEN:
- Chocoladekoekjes (in de winkel gekocht of zelfgemaakt)
- IJs naar keuze (vanille, chocolade of welke smaak dan ook)
- Diverse snoepjes (M&M's, Reese's Pieces, gehakte Snickers, enz.)

INSTRUCTIES:
a) Plaats een bolletje ijs op de onderkant van een chocoladekoekje.
b) Leg er nog een koekje op, met de onderkant naar beneden, zodat er een sandwich ontstaat.
c) Rol de randen van de ijssandwich in diverse snoepjes tot ze bedekt zijn.
d) Herhaal met de resterende koekjes en ijs.
e) Plaats de samengestelde ijssandwiches in de vriezer om op te stijven voordat u ze serveert.
f) Serveer je snoepgekte-ijsbroodjes gekoeld en geniet ervan!

87.Aardbeiengelato

INGREDIËNTEN:
- 2 kopjes verse aardbeien, gepeld en gehalveerd
- 3/4 kop kristalsuiker
- 2 kopjes volle melk
- 1 kopje zware room
- 1 deelepel vanille-extract

INSTRUCTIES:
a) Pureer de verse aardbeien met kristalsuiker in een blender of keukenmachine tot een gladde massa.
b) Verwarm de aardbeienpuree in een pan op middelhoog vuur tot deze begint te sudderen.
c) Haal van het vuur en laat het mengsel afkoelen tot kamertemperatuur.
d) Klop in een aparte kom de volle melk, slagroom en vanille-extract samen.
e) Roer de afgekoelde aardbeienpuree erdoor tot alles goed gemengd is.
f) Dek de kom af en zet het mengsel minimaal 4 uur of een nacht in de koelkast tot het grondig is gekoeld.
g) Eenmaal gekoeld giet je het mengsel in een ijsmachine en draai je het volgens de instructies van de fabrikant.
h) Breng de gekarnde gelato over naar een diepvriescontainer en vries nog eens 2-3 uur in tot het stevig is.
i) Serveer bolletjes aardbeiengelato in kommen of hoorntjes en geniet ervan!

88. Lekkernijen met ijshoorntjes

INGREDIËNTEN:
- IJshoorntjes
- IJs naar keuze
- Diverse toppings (hagelslag, chocoladestukjes, gehakte noten, karamelsaus, slagroom, marasquinkersen, enz.)

INSTRUCTIES:
a) Vul elk ijshoorntje met een bolletje van jouw favoriete ijssmaak.
b) Dip het ijs in diverse toppings naar keuze, zoals hagelslag, chocoladestukjes, gehakte noten, etc.
c) Optioneel: besprenkel met karamelsaus of bestrijk met slagroom en een marasquinkers.
d) Serveer onmiddellijk en geniet van je leuke en aanpasbare ijshoorntjes!

89.Voedselvrachtauto Oranje Room Pops

INGREDIËNTEN:
- 1 kopje sinaasappelsap
- 1 kopje zware room
- 1/4 kop kristalsuiker
- 1 deelepel vanille-extract
- Schil van 1 sinaasappel (optioneel)

INSTRUCTIES:
a) Klop in een kom het sinaasappelsap, de slagroom, de kristalsuiker, het vanille-extract en de sinaasappelschil tot alles goed gemengd is.
b) Giet het mengsel in ijslollyvormpjes en laat bovenaan een beetje ruimte over voor uitzetting.
c) Steek ijslollystokjes in de vormpjes.
d) Zet het minimaal 4 uur in de vriezer, of totdat de ijslollys volledig bevroren zijn.
e) Zodra ze bevroren zijn, haal je de ijslolly's uit de vormpjes en geniet je van je verfrissende sinaasappelroomijsjes!

90.Aardbei-rabarber ijslolly's

INGREDIËNTEN:
- 2 kopjes gehakte rabarber
- 2 kopjes gehakte aardbeien
- 1/2 kopje water
- 1/4 kop honing of suiker (aanpassen aan smaak)
- Vormpjes voor ijslolly's
- Ijsstokjes

INSTRUCTIES:
a) Meng in een pan gehakte rabarber, gehakte aardbeien, water en honing of suiker.
b) Breng het mengsel op middelhoog vuur aan de kook.
c) Laat 10-15 minuten koken, of tot de rabarber zacht is en de aardbeien zijn afgebroken, af en toe roeren.
d) Haal van het vuur en laat het mengsel iets afkoelen.
e) Gebruik een staafmixer of een gewone blender om het mengsel tot een gladde massa te pureren.
f) Giet het mengsel in ijslollyvormpjes en laat bovenaan wat ruimte over voor uitzetting.
g) Steek ijsstokjes in de vormpjes.
h) Vries de ijslolly's minimaal 4-6 uur in, of tot ze volledig bevroren zijn.
i) Zodra ze bevroren zijn, haal je de ijslolly's uit de vormpjes en geniet je van je verfrissende aardbei-rabarber-ijslolly's!

91.Brownie Verdronken-ijscoupes

INGREDIËNTEN:
- Brownies (zelfgemaakt of in de winkel gekocht), in blokjes gesneden
- Vanille-ijs
- Gezette espresso of sterke koffie
- Slagroom
- Chocoladeschaafsel of cacaopoeder voor garnering (optioneel)

INSTRUCTIES:
a) Plaats brownieblokjes op de bodem van serveerglazen of kommen.
b) Schep een bolletje vanille-ijs op de brownies.
c) Giet hete espresso of sterke koffie over het ijs en de brownies.
d) Top met slagroom.
e) Garneer eventueel met chocoladeschaafsel of cacaopoeder.
f) Serveer onmiddellijk en geniet van je heerlijke brownie Verdronken-ijscoupes!

92. Bevroren bananengraanpops

INGREDIËNTEN:
- Rijpe bananen
- Yoghurt (puur of gearomatiseerd)
- Je favoriete ontbijtgranen (zoals cornflakes of granola)
- Houten ijslollystokjes

INSTRUCTIES:
a) Schil de rijpe bananen en snijd ze kruislings doormidden.
b) Steek een houten ijslollystokje in het afgesneden uiteinde van elke bananenhelft.
c) Doop elke banaanhelft in yoghurt en bestrijk hem gelijkmatig.
d) Rol de met yoghurt bedekte bananen door je favoriete ontbijtgranen tot ze goed bedekt zijn.
e) Leg de gecoate bananen op een met bakpapier beklede bakplaat.
f) Zet het minimaal 2 uur in de vriezer, of totdat het volledig bevroren is.
g) Eenmaal bevroren, haal je ze uit de vriezer en geniet je van je bevroren bananengraanpops als een verfrissende en voedzame snack!

93. Gefrituurd ijs zonder frituren

INGREDIËNTEN:
- Vanille-ijs
- Cornflakes ontbijtgranen, geplet
- Honing
- Gemalen kaneel
- Slagroom (optioneel)
- Maraschino-kersen (optioneel)

INSTRUCTIES:
a) Schep balletjes vanille-ijs en leg ze op een bakplaat bekleed met bakpapier.
b) Vries de ijsballetjes minimaal 1 uur in, of tot ze stevig zijn.
c) Meng in een ondiepe schaal gemalen cornflakes, een scheutje honing en een snufje gemalen kaneel.
d) Rol elk bevroren ijsbolletje door het cornflakesmengsel tot het gelijkmatig bedekt is.
e) Plaats de gecoate ijsbolletjes terug op de met bakpapier beklede bakplaat en vries ze nog eens 30 minuten in.
f) Haal de bevroren ijsbolletjes uit de vriezer en laat ze een paar minuten op kamertemperatuur staan voordat je ze serveert.
g) Optioneel: Serveer het no-fry gebakken ijs met daarop slagroom en een marasquinkers.
h) Geniet van je heerlijke no-fry gebakken ijs!

94. Vla-ijs van weleer

INGREDIËNTEN:
- 2 kopjes zware room
- 1 kopje volle melk
- 3/4 kop kristalsuiker
- 4 eierdooiers
- 1 deelepel vanille-extract
- Snufje zout

INSTRUCTIES:
a) Meng in een pan de slagroom, volle melk en kristalsuiker. Verwarm op middelhoog vuur tot het mengsel heet maar niet kookt, af en toe roerend.
b) Klop in een aparte kom de eierdooiers tot een gladde massa.
c) Giet geleidelijk ongeveer de helft van het hete roommengsel bij de eidooiers en klop voortdurend om de eieren te tempereren.
d) Giet het eimengsel terug in de pan met het resterende roommengsel en blijf voortdurend kloppen.
e) Kook het custardmengsel op middelhoog vuur, onder voortdurend roeren, tot het voldoende dik is om de achterkant van een lepel te bedekken, ongeveer 5-7 minuten. Laat het niet koken.
f) Haal de pan van het vuur en roer het vanille-extract en het zout erdoor.
g) Giet de custard door een fijnmazige zeef in een schone kom om eventuele klontjes te verwijderen.
h) Bedek de kom met plasticfolie en druk deze rechtstreeks op het oppervlak van de custard om te voorkomen dat er een vel ontstaat.
i) Laat de custard minimaal 4 uur of een hele nacht in de koelkast afkoelen tot hij helemaal koud is.
j) Eenmaal gekoeld, draait u de custard in een ijsmachine volgens de instructies van de fabrikant.
k) Breng het gekarnde ijs over in een diepvriescontainer en vries het minimaal 4 uur in, of tot het stevig is.
l) Serveer bolletjes ouderwets vla-ijs in kommen of hoorntjes en geniet ervan!

DRANKJES

95.Aardbei Watermeloen Sneeuwbrij

INGREDIËNTEN:
- 2 kopjes verse aardbeien, gepeld en gehalveerd
- 2 kopjes in blokjes gesneden watermeloen
- 1 eetlepel honing (optioneel)
- 1 kopje ijsblokjes
- Verse muntblaadjes voor garnering (optioneel)

INSTRUCTIES:
a) Doe de verse aardbeien en de watermeloenblokjes in een blender.
b) Voeg indien gewenst honing toe voor extra zoedeid.
c) Mixen tot een gladde substantie.
d) Voeg ijsblokjes toe aan de blender en mix opnieuw tot het mengsel een modderige consistentie heeft.
e) Proef en pas indien nodig de zoedeid aan door meer honing toe te voegen.
f) Giet de aardbeien-watermeloen-Sneeuwbrij in glazen.
g) Garneer eventueel met verse muntblaadjes.
h) Serveer onmiddellijk en geniet van je verfrissende aardbeien-watermeloen-Sneeuwbrij!

96.Rabarber Limonade Sneeuwbrij

INGREDIËNTEN:
- 4 kopjes gehakte rabarber
- 1 kopje suiker
- 4 kopjes water
- 1 kopje vers geperst citroensap
- Ijsblokjes
- Citroenschijfjes voor garnering (optioneel)
- Muntblaadjes voor garnering (optioneel)

INSTRUCTIES:
a) Meng de gehakte rabarber, suiker en water in een pan.
b) Breng aan de kook, zet het vuur lager en laat 10-15 minuten sudderen, of tot de rabarber zacht is.
c) Haal van het vuur en laat het mengsel afkoelen tot kamertemperatuur.
d) Giet het rabarbermengsel door een fijnmazige zeef en druk aan om zoveel mogelijk vloeistof eruit te halen.
e) Gooi de vaste stoffen weg en doe de rabarbersiroop in een grote kan.
f) Roer het vers geperste citroensap erdoor.
g) Zet de rabarberlimonade in de koelkast tot deze gekoeld is.
h) Vul voor het serveren de glazen met ijsblokjes en giet de rabarberlimonade over het ijs.
i) Garneer eventueel met schijfjes citroen en muntblaadjes.
j) Roer voor het drinken om de smaken te combineren.
k) Geniet op een warme dag van je verfrissende rabarberlimonadeSneeuwbrij!

97. Komkommer Munt Limonade

INGREDIËNTEN:
- 4 kopjes water
- 1/2 kop vers geperst citroensap
- 1/4 kop honing of eenvoudige siroop (aanpassen aan smaak)
- 1/2 komkommer, in dunne plakjes gesneden
- Handvol verse muntblaadjes
- Ijsblokjes

INSTRUCTIES:
a) Meng in een kruik water, vers geperst citroensap, honing of eenvoudige siroop, dun gesneden komkommer en verse muntblaadjes.
b) Roer goed om de zoetstof te combineren en op te lossen.
c) Zet het minimaal 1 uur in de koelkast, zodat de smaken zich kunnen vermengen.
d) Serveer met ijsblokjes in glazen, eventueel gegarneerd met extra plakjes komkommer en muntblaadjes.

98.Ijs Lavendel Melk

INGREDIËNTEN:
- 2 shots espresso of 1/2 kopje sterk gezette koffie, gekoeld
- 1/2 kop melk (elk type dat u verkiest)
- 1-2 eetlepels lavendelsiroop (naar smaak aanpassen)
- Ijsblokjes
- Gedroogde culinaire lavendelbloemen voor garnering (optioneel)

INSTRUCTIES:
a) Zet espresso of koffie en laat afkoelen tot kamertemperatuur.
b) Giet de gekoelde espresso of koffie in een glas gevuld met ijsblokjes.
c) Roer de melk en lavendelsiroop erdoor.
d) Proef en pas de zoedeid of lavendelsmaak naar wens aan.
e) Garneer indien gewenst met gedroogde culinaire lavendelbloemen.
f) Serveer onmiddellijk en geniet van uw verfrissende ijslavendel Melk.

99. Perzik Basilicum Limonade

INGREDIËNTEN:
- 4 rijpe perziken, geschild en in plakjes gesneden
- 1/2 kopje verse basilicumblaadjes
- 1 kopje vers geperst citroensap
- 1/2 kopje honing of eenvoudige siroop (aanpassen aan smaak)
- 4 kopjes water
- Ijsblokjes

INSTRUCTIES:
a) Meng in een blender gesneden perziken, verse basilicumblaadjes en vers geperst citroensap.
b) Mixen tot een gladde substantie.
c) Giet het perzik-basilicummengsel door een fijnmazige zeef in een kan om eventueel vruchtvlees te verwijderen.
d) Roer de honing of eenvoudige siroop erdoor tot het is opgelost.
e) Voeg water toe en meng goed.
f) Zet minimaal 1 uur in de koelkast.
g) Serveer met ijsblokjes in glazen, eventueel gegarneerd met verse basilicumblaadjes en perzikschijfjes.

100.Ijsachtige Matcha Melk

INGREDIËNTEN:

- 1 deelepel matcha groene deepoeder
- 2 eetlepels heet water
- 1 kop melk (elk type dat u verkiest)
- 1-2 eetlepels honing of zoetstof naar keuze (aanpassen aan smaak)
- Ijsblokjes

INSTRUCTIES:

a) Klop in een kom matcha groene deepoeder en heet water tot een glad en schuimig mengsel.
b) Giet het bereide matchamengsel in een glas gevuld met ijsblokjes.
c) Voeg melk en honing of zoetstof naar keuze toe.
d) Roer goed om te combineren.
e) Proef en pas de zoedeid naar wens aan.
f) Serveer onmiddellijk en geniet van je verfrissende matcha Melk.

CONCLUSIE

Terwijl we afscheid nemen van onze culinaire reis door de wereld van voedselvrachtautos, hopen we dat "De AltijdVoedsel Vrachtauto Favorites" de levendige smaken van straatvoedsel bij u thuis heeft gebracht en u heeft geïnspireerd om uw eigen culinaire avonturen te beleven.

Met 100 straatvoedselklassiekers die zijn nagemaakt voor de keuken thuis, heb je de opwinding ervaren van het genieten van iconische gerechten van over de hele wereld zonder ooit het comfort van je eigen huis te verlaten. Of je nu hebt genoten van pittige taco's, sappige hamburgers of decadente desserts, wij vertrouwen erop dat je van elke hap van je voedselvrachtauto-favorieten hebt genoten.

Terwijl je de wereld van thuiskoken blijft verkennen, moedigen we je aan om te blijven experimenteren met nieuwe smaken, ingrediënten en technieken. Of u nu een demadiner organiseert, een familiemaaltijd plant, of gewoon zin heeft in een voorproefje van de straatvoedsel-ervaring, laat uw creativiteit de vrije loop in de keuken.

Bedankt dat je mee bent gegaan op dit culinaire avontuur. We hopen dat "De AltijdVoedsel Vrachtauto Favorites" een geliefde metgezel in uw keuken wordt, die heerlijke maaltijden inspireert en onvergetelijke momenten deelt met dierbaren. Tot de volgende keer, veel kookplezier en eet smakelijk!

www.ingramcontent.com/pod-product-compliance
Lightning Source LLC
Chambersburg PA
CBHW070355120526
44590CB00014B/1136